Sanar al niño interior

Cómo empezar a sanar el alma herida que lleva dentro utilizando la meditación, la conciencia plena, la escritura de un diario y mucho más

© Copyright 2023

Todos los derechos reservados. Ninguna parte de este libro puede ser reproducida de ninguna forma sin el permiso escrito del autor. Los revisores pueden citar breves pasajes en las reseñas.

Descargo de responsabilidad: Ninguna parte de esta publicación puede ser reproducida o transmitida de ninguna forma o por ningún medio, mecánico o electrónico, incluyendo fotocopias o grabaciones, o por ningún sistema de almacenamiento y recuperación de información, o transmitida por correo electrónico sin permiso escrito del editor.

Si bien se ha hecho todo lo posible por verificar la información proporcionada en esta publicación, ni el autor ni el editor asumen responsabilidad alguna por los errores, omisiones o interpretaciones contrarias al tema aquí tratado.

Este libro es solo para fines de entretenimiento. Las opiniones expresadas son únicamente las del autor y no deben tomarse como instrucciones u órdenes de expertos. El lector es responsable de sus propias acciones.

La adhesión a todas las leyes y regulaciones aplicables, incluyendo las leyes internacionales, federales, estatales y locales que rigen la concesión de licencias profesionales, las prácticas comerciales, la publicidad y todos los demás aspectos de la realización de negocios en los EE. UU., Canadá, Reino Unido o cualquier otra jurisdicción es responsabilidad exclusiva del comprador o del lector.

Ni el autor ni el editor asumen responsabilidad alguna en nombre del comprador o lector de estos materiales. Cualquier desaire percibido de cualquier individuo u organización es puramente involuntario.

Su regalo gratuito

¡Gracias por descargar este libro! Si desea aprender más acerca de varios temas de espiritualidad, entonces únase a la comunidad de Mari Silva y obtenga el MP3 de meditación guiada para despertar su tercer ojo. Este MP3 de meditación guiada está diseñado para abrir y fortalecer el tercer ojo para que pueda experimentar un estado superior de conciencia.

https://livetolearn.lpages.co/mari-silva-third-eye-meditation-mp3-spanish/

Índice de contenidos

INTRODUCCIÓN 1
CAPÍTULO 1: EXPLICACIÓN DEL NIÑO INTERIOR 3
CAPÍTULO 2: LOS ARQUETIPOS DEL NIÑO INTERIOR 11
CAPÍTULO 3: DESCUBRIR AL NIÑO INTERIOR 22
CAPÍTULO 4: ACEPTAR A SU NIÑO INTERIOR 33
CAPÍTULO 5: MEDITACIÓN DEL NIÑO INTERIOR 43
CAPÍTULO 6: DIARIO DEL NIÑO INTERIOR 52
CAPÍTULO 7: CONCIENCIA DEL NIÑO INTERIOR 60
CAPÍTULO 8: LOS RETOS DE SANAR A SU NIÑO INTERIOR 69
CAPÍTULO 9: BENEFICIOS DE SANAR A SU NIÑO INTERIOR ...77
CAPÍTULO 10: DESAFÍO PARA SANAR A SU NIÑO INTERIOR ...86
CONCLUSIÓN 98
VEA MÁS LIBROS ESCRITOS POR MARI SILVA 100
SU REGALO GRATUITO 101
REFERENCIAS 102

Introducción

«¿Algún día vamos a crecer de verdad?»

Nos hacemos esta pregunta en broma o durante una conversación seria. Sin embargo, no importa la edad que tengamos o lo maduros que nos sintamos; nuestro niño interior siempre está ahí, esperando ser escuchado y sentido. Este libro pretende darle la oportunidad de conocer a su niño interior.

Algunas personas no están familiarizadas con el término «niño interior». El tema puede ser delicado, sobre todo si se ha vivido algo traumático que el propio niño interior aún sufre. Por este motivo, el libro tiene un enfoque sencillo y trata el tema con el nivel de sensibilidad que merece. No se usan términos complicados como en otros libros del mercado, que alejan al lector. Este libro está muy bien pensado. Se ha decidido utilizar un tono más comprensivo y humano que el de otros libros.

Se espera que el lector vea a su niño interior con amor y comprensión para poder contener su dolor. Su niño interior no es el síntoma de una enfermedad; no puede simplemente tomar una pastilla para adormecer su dolor. Es una parte de usted que requiere otro tipo de sanación. Por eso hemos incluido métodos prácticos e instrucciones para ayudarle en ese proceso. Todos los métodos mencionados en este libro han demostrado ser exitosos para todo tipo de personas. Estas instrucciones son claras y directas, para evitar confusiones y facilitar el seguimiento paso a paso.

«¿Qué es un niño interior?»

Esta es la pregunta que lo ha traído hasta aquí. Sin embargo, la respuesta no es una definición que se pueda encontrar fácilmente en Google. Esta pregunta es mucho más profunda, y el libro le da una respuesta detallada sin complicarla demasiado. Cubre todo lo relacionado con el concepto de niño interior para que pueda aprender más sobre usted mismo.

Cuando tome conciencia de su trauma y se enfrente cara a cara con su dolor, podrá sanar y crecer. Pero primero debe descubrir a su niño interior y aprender a aceptarlo, ya que solo así podrá iniciar el proceso de sanación. Este libro le ayudará a dar el paso para que por fin pueda crecer y dejar atrás sus heridas del pasado.

Nadie dijo que el viaje de sanación fuera fácil. Pero comenzar por el primer paso lo pondrá en la dirección correcta. Al leer este libro, dará sus primeros pasos en el camino de la sanación para dejar atrás el pasado y convertirse en la mejor versión de usted mismo. Respire profundo, relájese y prepárese para conocer a su niño interior.

Capítulo 1: Explicación del niño interior

De niños, no veíamos la hora de crecer y convertirnos en adultos. Siempre creímos que la edad adulta es mucho más divertida. Ya no se vive con los padres, se tiene independencia económica y se toman las propias decisiones. Se vive la vida como se desea y se experimenta la libertad que conlleva ser adulto. Sin embargo, un día un jefe da una evaluación negativa o se presenta una pelea con un gran amigo, y de repente, se vuelve a ser el niño de seis años. Solo se quiere llorar o hacer una pataleta y esperar un abrazo fuerte de alguien que diga: «Todo irá bien».

Es importante entender qué es su niño interior
https://unsplash.com/photos/Ewfrjh0GvtY

¿Qué provoca? Lo más probable es que el niño interior haya salido de su escondite y esté intentando decir algo. ¿Qué es un niño interior? ¿De dónde viene este término?

El niño interior

El psiquiatra Carl Jung acuñó por primera vez el término niño interior. Jung hizo este descubrimiento después de pasar un tiempo trabajando en su interior e intentando comprender las razones de sus emociones infantiles. Se dio cuenta de que hay otra parte de la personalidad que influye en las acciones y decisiones. Jung lo llamó «el niño interior» para describir la parte de un ser humano que no crece y se estanca en la etapa infantil. Algunas emociones y recuerdos negativos persisten y se reproducen como una película dentro de la cabeza, mientras que hay otros felices que se rememoran con cariño. Todos estos recuerdos y experiencias, ya sean buenos o malos, se almacenan en el inconsciente y van construyendo el niño interior.

La palabra niño suele asociarse con inocencia, alegría y despreocupación. Aunque el niño interior almacena estas emociones y características positivas, también guarda aspectos negativos, como los traumas y el dolor sufrido por parte de los seres más cercanos y de más confianza, como padres o profesores. De hecho, la personalidad empieza a forjarse entre los tres y los cinco años. Por desgracia, algunos sentimientos no se superan y permanecen, influyendo en las decisiones, relaciones y otros aspectos de la vida.

Debido a su nombre, el término «niño interior» se utiliza a veces a la ligera. A diferencia de lo que algunas personas puedan creer, no significa tener pensamientos infantiles o actuar como un niño. Es un aspecto de la personalidad que existe en el inconsciente y puede describirse como una «subpersonalidad». En pocas palabras, se trata de otra faceta de la personalidad que suele salir a la luz al enfrentar adversidades.

Cuando su niño interior toma el control, toma decisiones, tiene pensamientos y muestra comportamientos basados en sus traumas infantiles y en la necesidad de su niño interior de protegerlo. Su niño interior no es consciente de que ha crecido y de que su vida ha cambiado. Las necesidades insatisfechas y las emociones reprimidas aparecen cuando menos se lo espera en forma de ira, rebeldía o miedo. Puede que siga aferrado a ciertos pensamientos y creencias que están en su cerebro desde que era niño, como el tabú por el sexo o que los hombres no lloran.

Los traumas del pasado hacen que su alma se vuelva pesada debido a todo el dolor y la negatividad que arrastra. Cada decisión que toma está impulsada por el miedo y el deseo de protegerlo de cosas que no son reales o que ya no afectan a su vida.

El niño interior es un alma herida que sufrió abusos emocionales, físicos o ambos. Tal vez su familia abusó emocionalmente, fue intimidado de niño en casa o en la escuela o fue criado por padres narcisistas que no pudieron amarlo de la manera en la que un niño quiere ser amado. Su cuerpo puede quedar cubierto de heridas tras un accidente, lo mismo puede ocurrir con su alma tras una educación traumática. Sin embargo, a diferencia de las heridas físicas, que se curan con el tiempo, las heridas del alma no se curan y el niño interior nunca crece ni se desarrolla. El dolor experimentado puede crecer y si no da los pasos necesarios para sanarse, sufrirá el resto de la vida.

Es vital para su bienestar que tome conciencia de su niño interior. Algunas personas pueden experimentar rabietas o arrebatos de ira como niños sin tener idea de qué desencadena esas emociones. Aprender sobre su niño interior y trabajar sobre usted mismo le ayudará a sanar y a experimentar el despertar y el crecimiento espiritual. Descubrir sus experiencias pasadas y comprender la raíz de su dolor y sus miedos lo pondrá en el camino de la sanación.

Aunque su niño interior es producto de las experiencias pasadas, desempeña un papel muy importante en la formación de su personalidad como adulto. En lugar de dejar que lo convierta en una persona enfadada, herida o amargada, puede dejar que le ayude a superar el pasado y a perdonarse a usted mismo y a los demás. Puede convertirlo en una persona más segura, que sabe quién es y lo que quiere. Así podrá experimentar la parte divertida y creativa de su niño interior sin estar consumido por la negatividad.

En el proceso de sanación, se quitará un peso de encima, a medida que su alma sane, su espíritu despierte y experimente el crecimiento espiritual. Ya no será controlado por el miedo o el trauma.

Según la mentora y autora Cheryl Richardson, «el trabajo con el niño interior es esencial. Es la esencia del crecimiento de una persona integral». No podrá cambiar y dejar atrás el pasado para convertirse en la persona que siempre ha querido ser si no trabaja primero con su niño interior. Trabajar con él le ayudará a superar el dolor y los traumas de su infancia. Podrá tomar decisiones basadas en su experiencia adulta y no en sus miedos infantiles.

¿Cómo se forma el niño interior?

Como ya hemos dicho, el niño interior está formado por todos los recuerdos y experiencias de la infancia, los buenos y los malos. Recuerde lo feliz que era cuando su padre lo iba a buscar al colegio y lo llevaba con sus hermanos a su pizzería favorita, o lo feliz que lo hacía la sonrisa de su abuelo cada vez que iba a visitarlo. Se llena de amor y calidez cada vez que rememora esas cosas. También recuerde que alguna vez fue el único de su clase al que no invitaron a una fiesta de cumpleaños. Su niño interior aún recuerda el dolor de su madre cuando recibió la noticia de que su abuela había fallecido. Está grabado en su memoria cada vez que un niño del colegio lo insultó o se burló de usted.

Recuerde cómo su mejor amigo de la infancia decidió un día que no quería ser más su amigo porque ya no era divertido o la vez que su profesor lo avergonzó delante de toda la clase. Recuerde si uno de sus padres lo maltrataba física, mental o emocionalmente, o simplemente no estaba disponible para usted. Cómo le hicieron perder la fe en su físico cada vez que le decían que adelgazara o hacían comentarios sobre su cuerpo cuando comía pizza o chocolate.

El tiempo pasa y llega a la incómoda adolescencia. Su niño interior sigue ahí, lleno de dudas sobre usted mismo como resultado de su educación. Lo acompaña a su primera entrevista de trabajo, con miedo, porque aún recuerda todas las veces que sus padres lo hicieron sentir que no era suficientemente bueno. Aparece cuando se pelea con su pareja; teme que lo abandone como hicieron sus padres o que piense que no es lo bastante bueno, igual que tal vez le hicieron sentir sus padres.

Su niño interior está formado por todo lo que ha vivido, visto, oído y sentido. Todas sus experiencias positivas y negativas influyen en lo que es hoy. Incluso las cosas más pequeñas que le enseñaron sus padres, como quedarse en un trabajo, aunque lo odie o que si no se arregla nadie lo mirará. En pocas palabras, su niño interior está formado por toda su infancia. Incluso las experiencias que no recuerda siguen vivas en su inconsciente.

Otras experiencias de la infancia que moldean al niño interior son:
- Maltrato constante por parte de los padres.
- No tener derecho a opinar.
- Padres, hermanos u otros familiares le avergüenzan constantemente.
- Límites violados constantemente.
- Castigos e intolerancia a las diferencias.
- Gritos o castigos cada vez que se expresa.
- Nula muestra de afecto de los padres.
- Imposibilidad para expresar los sentimientos, ya fueran positivos (como la alegría) o negativos (como la rabia).
- Los padres lo hacen responsable de su felicidad.
- Los padres no le permiten ser un niño y jugar o divertirse.

Cómo influye el niño interior en su vida adulta

De vez en cuando, su niño interior herido se apodera de usted y empieza a actuar. Su alma herida está sufriendo, lo que puede manifestarse en forma de rabietas emocionales, comportamientos escandalosos o prevención cada vez que alguien intenta acercarse a usted. También puede desarrollar algunos rasgos de personalidad como resultado de que su niño interior esté atrapado en el pasado.

Problemas graves de confianza

Esto puede ser el resultado de que uno de sus padres lo manipulara o le mintiera cuando era niño. Cree que cualquier persona a la que deje entrar le hará daño o le decepcionará.

Ansiedad

Siempre está ansioso ante situaciones nuevas, como ir a un sitio nuevo, conocer a gente nueva o vivir experiencias nuevas. Esto se debe principalmente a que se siente incómodo con cualquier cosa o persona con la que no esté familiarizado y no puede predecir qué ocurrirá o cómo actuarán los demás.

Culpa y baja autoestima

Crecer con unos padres que lo culpaban por todo, incluso de cosas que no eran culpa suya, puede hacerle sentir culpable. Por lo tanto, crece sintiendo que todo es culpa suya y sufre innecesariamente. Crecer creyendo que tiene la culpa de todo puede afectar a su autoestima y no permitirle explorar sus talentos o habilidades ni tomar conciencia de su autoestima.

Incapacidad para establecer límites sanos

Decir no y defenderse son ejemplos de cómo establecer límites saludables. Sin embargo, puede suceder que su familia nunca respete sus límites ni acepte el «no» como respuesta. En ese caso, se convierte en un ser muy complaciente y pone a los demás por encima de usted mismo y de su felicidad.

Miedo al abandono

Piensa que todo el mundo le abandonará, sus amigos o sus padres (esto puede ser el resultado de haber sido abandonado por uno de sus padres cuando era niño). El miedo al abandono también puede provocar miedo al compromiso. Aunque su ser querido haga todo lo posible por demostrarle que nunca se irá, su niño interior le impediría creerle.

Dificultad para controlar sus emociones

De niño, es probable que alguno de sus padres lo descuidara o lo abandonara. En lugar de culparles por irse, piensa que es culpa suya. Esto hace que le resulte difícil gestionar sus emociones y dirigir su ira contra la persona adecuada.

Miedo a hablar

Quizá sus padres lo juzgaban cada vez que hablaba, no lo escuchaban o le hacían sentir que su opinión no importaba. Esto también puede impedir que establezca límites saludables, y dé a los demás la oportunidad de que controlen su vida.

Tendencias a la adicción

Si es adicto a las drogas o al alcohol, pueden ser ocasionadas por su niño interior tratando de adormecer el dolor, en lugar de enfrentarlo. La adicción es una de las señales más obvias y peligrosas de que su niño interior necesita atención.

Se siente poco querido

Suponga que sus padres no estaban disponibles emocionalmente cuando era pequeño. En ese caso, crece sintiéndose poco querido, porque nadie le demostró que es digno de amor.

Pensamientos negativos

Cada vez que está disgustado o se enfrenta a una dificultad, como no conseguir trabajo, empieza a tener pensamientos negativos y de menosprecio por usted mismo, como «no soy lo bastante bueno» o «no tengo las habilidades adecuadas». Tal vez sus padres nunca creyeron en usted de niño o lo comparaban constantemente con un hermano.

Se descontrola con facilidad

Cualquier situación, grande o pequeña, puede desencadenarse por una u otra razón porque le recuerda a situaciones similares que tuvieron lugar cuando era niño. Se descontrola, lo que puede afectar a su bienestar, sus relaciones y su carrera profesional.

Busca la aprobación de los demás

Si creció con padres que nunca lo validaron a usted ni a sus sentimientos, buscará constantemente la aprobación en otra parte. No puede comprender que la validación viene de dentro.

Sus acciones no son más que un mecanismo de defensa que su niño interior utiliza para protegerlo de más dolor.

Crecimiento espiritual y bienestar mental

¿Cómo puede experimentar crecimiento espiritual y mejorar su bienestar si su niño interior es quien manda? El primer paso hacia la sanación es comprender que no es usted quien tiene el control. Hay otra parte de su personalidad en su inconsciente que lo retiene para protegerlo del daño. Si ignora esta parte de usted mismo o hace como si no existiera, se manifestará en estallidos de ira y pataletas, al igual que lo hace en los niños. ¿Cómo se trata a un niño enfadado? Se le presta atención y se intenta comprender el origen de su dolor.

Ahora que sabe que su niño interior es responsable de algunos de los rasgos negativos de su comportamiento impredecible, puede entablar un diálogo con él y empezar a formar una relación. Su niño interior está intentando de decirle algo; está pidiendo ayuda a gritos intentando llamar su atención. Escuchar a su niño interior le permitirá ver su mundo y conocer su dolor, sus sufrimientos, sus esperanzas y sus necesidades. Puede lograr esto mediante diversos métodos, como la mediación, que se tratará en detalle en los próximos capítulos.

Una vez que empiece a escuchar a su niño interior y navegue a través de todos los traumas, el dolor y la ira que ha estado guardando, comprenderá que requiere sanación espiritual. Prestar atención a su niño interior es como descubrir diferentes capas de usted mismo. Conocerá mejor esta parte de su personalidad, comprenderá lo que necesita y podrá proporcionárselo. Puede que descubra cosas sobre usted mismo, como recuerdos o emociones reprimidas.

Cuanto más aprenda sobre su niño interior, más entenderá lo que necesita y cómo nutrirlo, satisfacer sus necesidades y darle el amor y la atención que siempre ha buscado. Trabajará en su sanación hasta que deje de consumirlo el miedo que lo retiene. Cuando su niño interior se sienta seguro, notará una diferencia en usted y en todos los aspectos de su vida. Se sentirá más seguro de usted mismo, más feliz y más cómodo en su propia piel. Su niño interior se convertirá en una voz que le motivará a vivir la vida que siempre ha deseado y a experimentar cosas nuevas, en lugar de ser una voz que le impide vivir por el miedo.

Como resultado de alimentar a su niño interior, experimentará la sanación espiritual y, por lo tanto, el crecimiento espiritual, porque ya no estará atrapado en el pasado. Su niño interior estará creciendo y evolucionando con usted. Cuando su espíritu sane, su bienestar prosperará y su salud física y mental también mejorará.

Cada uno de nosotros tiene un niño interior que intenta comunicarse. El suyo forma parte de lo que usted es, y ya es hora de que le preste la atención que se merece. Solo así podrá dejar atrás el pasado y llevar una vida llena de amor y positividad, en lugar de permitir que el miedo y los traumas dirijan el rumbo.

Capítulo 2: Los arquetipos del niño interior

Los patrones arquetípicos se encuentran en todas partes. Cuando se comprende la importancia de aprender sobre ellos y se profundiza en sus significados, se puede aprender mucho más sobre sí mismo y sobre el mundo. ¿Ha visto alguna vez a un hombre adulto convertirse en un niño ante sus ojos? Quizá su cara se iluminó de repente y empezó a reírse sin control al oír su canción favorita en la radio. Tal vez lo vio por primera vez soltarse y dejar de lado su expresión seria. ¿Cómo se produce este cambio tan radical?

Independientemente de la edad, siempre vive en nosotros un arquetipo infantil. Este arquetipo nace con nosotros y se nutre a lo largo de nuestra vida. Es la base de toda nuestra personalidad, crecimiento y desarrollo personal. Lo mejor del arquetipo del niño es que es mucho más que una formulación de la mente y la psique humana; es también un aspecto de nuestra alma. Los arquetipos infantiles son eternos y nunca disminuyen, ni son una invención de las experiencias pasadas, a diferencia de lo que se cree popularmente.

El arquetipo del niño sigue influyendo en las acciones, los comportamientos y la visión de la vida incluso en la edad adulta. El niño interior afecta las percepciones y la comprensión del mundo, así como la interpretación del mismo. El impacto del arquetipo suele ser más fuerte cuando se trata de situaciones de cuidarnos a nosotros mismos, cuidar de los demás, de la familia, la visión de la vida, la lealtad y la seguridad.

Conectar con su niño interior requiere que reflexione sobre sus deseos insatisfechos durante la infancia. También debe explorar sus comportamientos infantiles e inútiles, sobre todo los que influyen en la calidad de sus relaciones y en su capacidad para tomar decisiones racionales y calculadas. Piense en su niño interior como si fuera su propio hijo. Su arquetipo de niño es su primer hijo. Tiene que nutrirlo, cuidarlo, criarlo y seguir educándolo a lo largo de la vida. Nutrir a su niño interior es quizás el mayor acto de autocuidado que existe. Es el mejor regalo que puede hacerse a usted mismo.

El arquetipo del niño tiene dos caras: la consciente, que también se conoce como el lado luminoso; y la inconsciente, que es el lado oscuro o sombrío. En otras palabras, el primero representa su independencia y el segundo corresponde a su dependencia. La polaridad del niño interior se evidencia esencialmente en la forma en que maneja sus responsabilidades, equilibra sus deberes, depende de usted mismo o de los demás y cómo los demás pueden depender de usted. Reconocer a su niño interior, explorar sus necesidades, atenderlas y cultivar una relación sana con él le permite mejorar estos aspectos de su ser. Puede ayudarle a dar rienda suelta a su creatividad, mejorar sus relaciones, curar traumas del pasado, tomar mejores decisiones y alcanzar la independencia.

En este capítulo, aprenderá más sobre el arquetipo del niño interior y cómo puede ayudarle a promover su bienestar espiritual. A continuación, conocerá los seis arquetipos, descubrirá sus atributos y signos y comprenderá los desafíos de cada uno. Por último, encontrará un cuestionario que puede ayudarle a identificar el arquetipo que predomina en su niño interior.

¿Qué es el arquetipo del niño interior?

Cuando se dice que alguien encarna el arquetipo del niño interior, no se hace referencia necesariamente a que actúe de forma infantil. No es su comportamiento lo que refleja el arquetipo, en su mayor parte, sino más bien sus pensamientos reprimidos y las conversaciones que tienen lugar dentro de su mente. Cuando no puede deshacerse de las emociones y pensamientos abrumadores ligados a su infancia, su niño interior está pidiendo salir. Su arquetipo de niño, en el fondo, es la parte de usted que se asegura de que todas sus acciones estén alineadas con lo primero que ha aprendido, que es el resultado de las causas y sus efectos.

Su niño interior anhela seguridad y protección. Quiere una vida segura y perfecta. Hará todo lo que esté a su alcance para que le proteja y le cuide. Al mismo tiempo, su arquetipo infantil está convencido de que todo, bueno o malo, le ocurre porque se lo merece. La próxima vez que se diga a sí mismo que no se merece la traición de un amigo, por ejemplo, debe saber que es su niño interior el que está hablando.

Su arquetipo infantil ve la vida en blanco o negro. Aún no es consciente de las zonas grises y borrosas. Solo reconoce los acontecimientos como justos o injustos. Solo lo verá como merecedor o no merecedor. Cuando espera un aumento de sueldo o un ascenso, su niño interior reconoce su duro trabajo y, por lo tanto, cree que es justo que sea recompensado.

¿Ha buscado alguna vez la validación de alguien? Mentiría si dijera que no. Incluso las personas más seguras de sí mismas necesitan que alguien les diga que están haciendo un buen trabajo de vez en cuando. Todos necesitamos que alguien reconozca nuestros esfuerzos y exprese orgullo por nosotros. Esto se debe a que nuestro niño interior aún no reconoce el concepto de autoaprobación. Cuando éramos niños, la percepción que teníamos de nosotros mismos dependía sobre todo de cómo nos veían nuestros padres. Esperábamos a ver si nuestros padres aprobaban nuestras acciones antes de aprobarnos a nosotros mismos. Nuestros amigos del colegio determinaban nuestra autoestima. Si se burlaban de nosotros, creíamos inmediatamente que algo iba mal. Si formábamos parte del grupo, estábamos a salvo. Un niño, y el niño interior, no se da cuenta de que podemos aprobarnos a nosotros mismos antes de que lo hagan los demás.

Todos luchamos por nuestra propia autoaprobación. Por eso es importante darse cuenta de que, por muy positivas que sean las opiniones de la gente sobre nosotros, nunca colmarán la necesidad inquebrantable de querernos y aceptarnos a nosotros mismos. Hacer un esfuerzo consciente con su niño interior y embarcarse en el viaje hacia el autodescubrimiento y la aceptación le llevará finalmente a la autoaprobación. Solo entonces desaparecerá su necesidad de validación externa. No rechazará la aprobación de la gente: va en contra de la naturaleza humana. Pero no será dependiente de ella.

Niño interior vs. arquetipo del niño

Debe comprender a su niño interior antes de explorar su arquetipo infantil. La idea del niño interior se desarrolló por primera vez en el campo de la terapia y la psicología durante la década de 1960. Poco a poco más personas comprendieron la validez y la importancia de este concepto y su popularidad creció significativamente con el paso de los años. Ahora no solo es un aspecto muy importante de la psicología y la salud mental, sino también un pilar de la sanación espiritual y el bienestar.

Como mencionamos anteriormente, el niño interior es el aspecto de nuestra psique que está formado por todo lo que experimentamos y aprendimos a lo largo de nuestra infancia. Trabajar con esta dimensión de su ser espiritual y psicológico le permite determinar las necesidades y deseos que nunca fueron atendidos en su infancia. Este viaje también le ayudará a descubrir comportamientos inmaduros y patrones de sombra (¿recuerda las dos caras del arquetipo del niño?) que dan lugar a comportamientos perjudiciales y elecciones vitales destructivas en la edad adulta.

Por otra parte, el arquetipo infantil no es producto de lo que ha aprendido. Como recordará, también es un elemento de su alma. Este aspecto atemporal de su ser no está orientado al pasado, aunque su infancia sea determinante en una parte de él. Sanar a su niño interior requiere que afronte y supere traumas o experiencias del pasado. Sin embargo, trabajar con su arquetipo de niño le anima a comprometerse con esta parte de usted mismo y a explorar sus extremos luminoso y oscuro (o sombra) del espectro.

Sanación del niño interior

Cuando hablamos del niño interior, la idea que suele surgir es la de la sanación. Las personas que han sufrido incidentes traumáticos en su infancia se benefician de la sanación de su niño interior. Comprender estas partes de sí mismo y acercarse a ellas con compasión puede ayudarle a volver a los recuerdos que ha estado reprimiendo durante años. Aunque suele ser doloroso, el proceso es increíblemente transformador. Este proceso de sanación también se aplica a uno de los arquetipos infantiles conocido como el niño herido.

Motivaciones del arquetipo del niño

Cuando se trata del arquetipo del niño, la tensión principal surge de la dicotomía entre los conceptos de dependencia e independencia. Existe una lucha constante entre la necesidad de pertenecer y el deseo de destacar. Se quiere ser independiente, pero también se quiere encontrar un lugar entre los demás. La salud de su arquetipo infantil es determinada por la forma en la que establece un equilibrio entre esos dos extremos del espectro. Al trabajar con este aspecto de su espíritu, debe reflexionar sobre sus patrones de dependencia e independencia. ¿Es sistemáticamente individualista y totalmente independiente, o es hiperdependiente, o se mueve constantemente entre ambos extremos? ¿Cómo se siente al depender de alguien de vez en cuando? ¿Ambiciona más de lo que puede alcanzar e insiste en que puede asumir numerosas responsabilidades al mismo tiempo? Tal vez evite todos los compromisos que puede.

Tómese su tiempo para reflexionar sobre sus relaciones y responsabilidades. Determine de qué cosas y personas es responsable y quiénes son responsables de usted. Puede ser muy fácil decir que es responsable de usted mismo y que nadie más lo es. Sin embargo, no olvide tener en cuenta a su jefe en el trabajo, su médico, su compañía de seguros, su cónyuge, etc.; todos ellos son responsables de usted de una forma u otra.

Piense en su grado de implicación en la comunidad. ¿Hasta qué punto está «presente» en su familia? ¿Tiene familia propia? Si no la tiene, ¿hay alguna razón que le impida formar una? ¿Visita a menudo a sus padres o parientes? ¿Cuál es su relación con ellos? ¿Es miembro activo de su comunidad? Estas preguntas le enseñarán más cosas sobre el arquetipo de su niño. Tanto si se deja llevar por la corriente como si toma la iniciativa, defender sus necesidades y deseos es uno de los retos más destacados del trabajo con el arquetipo infantil.

Siempre que se sienta abrumado o le cueste estar en el momento presente, debe hacer una pausa. Ponga las tareas en pausa, deje de trabajar o de estudiar y no se esfuerce en lo absoluto. Permítase descansar de todo, incluidos sus pensamientos. Llame a su arquetipo de niño e invítelo a pasar tiempo con usted. Permítale que le muestre cómo jugar y pasar el tiempo. Despréndase de todas las expectativas y permítase la diversión. Descubra lo que le gusta hacer y abandone la lista de tareas pendientes por el momento.

Los seis arquetipos de niño

Existen numerosos arquetipos de niño. Cada uno manifiesta su equilibrio en el espectro de luz y sombra. Todos están asociados a una serie de cualidades positivas y negativas. Aunque se pueden reflejar los rasgos de varios arquetipos a lo largo de la vida, hay uno que es más representativo para cada persona.

1. El niño mágico (o inocente)

El niño mágico se siente fascinado por todos los que le rodean y es también un sujeto de fascinación para los demás. Encuentra el lado positivo en todas las situaciones y confía en la bondad innata de los demás. El niño inocente mantiene su fuerza, sabiduría y coraje incluso en tiempos de desastre. Cree que todo es posible y que todo puede cambiar para mejor. Es despreocupado y está encantado con el mundo que le rodea. Este arquetipo es el arquetipo del soñador.

Sin embargo, su lado oscuro es que puede volverse cínico con facilidad, incluso sobre cosas con las que solía fantasear durante horas y horas. Pueden pasar de creer en la magia y los cuentos de hadas a destruir los sueños de los demás. El lado oscuro del niño mágico puede llevarle a la depresión, y su principal reacción es recurrir a mundos de fantasía para escapar de la realidad. Este puede ser su arquetipo de niño si lucha contra las adicciones a la televisión, los libros, las sustancias o los videojuegos. Cuando está desequilibrado, pierde el contacto con la realidad. Un niño inocente suele negarse a tomar la iniciativa, lo que le lleva a alejar a la gente. En lugar de salir por sí mismo de los problemas, espera a que alguien venga y lo haga por él.

2. El niño huérfano

El arquetipo del niño huérfano siente que no pertenece a su entorno. No es necesariamente huérfano, sino abandonado espiritual, emocional o incluso físicamente. Es posible que sus padres o seres queridos nunca hayan atendido las necesidades físicas y emocionales de este arquetipo. Si es un niño huérfano, lo más probable es que le cueste establecer relaciones fuertes y sanas con su familia. También es posible que luche contra intensos sentimientos de soledad.

El niño huérfano puede trazarse la misión de ser completamente independiente en su viaje vital. Se empeña en aprender cosas por sí mismo, superar sus miedos por sí solo y evitar los grupos de personas. Solo confía en sí mismo. Aunque la independencia y el interés por el crecimiento y el desarrollo personal son aspectos positivos, este arquetipo tiene una fuerte sombra. El arquetipo del niño huérfano aparta incesantemente a todo el mundo. Se aísla y no deja entrar a nadie. Compensa esta soledad y el sentimiento de no ser querido buscando familia en lugares alternativos. Su principal reto es la lucha por encontrar el equilibrio a la hora de cultivar y mantener relaciones con los demás. Necesita aprender a confiar.

3. El niño herido

Como puede deducirse de su nombre, el niño herido arrastra una gran cantidad de traumas y experiencias dolorosas de su infancia. El abandono, los abusos y otras situaciones impactantes influyen inevitablemente en las relaciones, decisiones y mecanismos de afrontamiento de este arquetipo. El niño herido suele sentir una ira y un resentimiento inmenso hacia sus cuidadores. En la mayoría de los casos, se encarga de ayudar a otros que han pasado por experiencias similares. Su niño herido puede entrar en acción para protegerlo si sufrió un trauma de niño.

Este arquetipo suele soportar relaciones abusivas porque su sombra le mantiene atrapado en un ciclo de victimización propia. No puede evitar lamentarse por su situación y compadecerse de sí mismo. Se apresura a culpar a todos los que les rodean por cómo son y siempre está dándole vueltas a lo mal que le salen las cosas. El niño herido lucha por superar las emociones negativas. Siente que nadie le comprende.

Por otro lado, su empatía le impulsa a lanzarse a la primera oportunidad para ayudar a los demás, especialmente a quienes están atrapados en relaciones paternalistas. Cuando está equilibrado, el arquetipo del niño herido es compasivo e indulgente. Puede ser la razón de que alguien se sienta comprendido. Incluso puede servir como fuente de fortaleza para quienes necesitan sanar.

El principal desafío para este arquetipo es no permitir que las heridas de su infancia impacten en su edad adulta y luchar para encontrar formas saludables de lidiar con los traumas.

4. El niño de la naturaleza

El niño de la naturaleza cultiva conexiones profundas con todo lo que hay en la naturaleza. Puede establecer vínculos directos con los animales y comunicarse fácilmente con ellos. Está enraizado en la tierra y se siente atraído por los espíritus guías de los animales. Aunque es claramente empático, emocional y comprensivo, también es fuerte y resistente.

Al arquetipo del niño natural le encanta conectar con la tierra cuando está equilibrado. Le encanta respirar el aire fresco, caminar descalzo por las playas de arena y observar los distintos paisajes de la naturaleza. Sin embargo, su sombra puede hacer que descargue su ira contra todo lo que le rodea. Puede maltratar a las personas, los animales, las plantas y la naturaleza. En lugar de disfrutar de la naturaleza, descarga en ella sus emociones negativas. Puede tirar basura, talar árboles o expresar un odio irracional hacia los animales.

5. El niño eterno

El niño eterno quiere mantenerse física, mental y espiritualmente joven. Esto le lleva a evitar responsabilidades y compromisos. Este individuo tiene la misión de vivir la vida al máximo. Se caracteriza por su visión optimista, brillante y casi inocente de la vida.

Sin embargo, es muy reacio a asumir responsabilidades de adultos. Es muy poco fiable y a menudo sobrepasa los límites de los demás. En este caso, el principal reto es la lucha por aceptar que el envejecimiento es un aspecto inevitable de la vida. Necesita reconocer sus responsabilidades y encontrar un equilibrio entre mantenerse joven y asumir la edad adulta.

6. El niño divino

Los arquetipos del niño divino y del niño mágico son muy similares. Sin embargo, el arquetipo del niño divino tiene una misión más bien profética. Este individuo es inocente y puro, por lo que a los adultos con este arquetipo les resulta difícil reconocerse. A primera vista, es posible que no se dé cuenta de que lleva un niño divino en su interior.

El niño divino compensa las experiencias dolorosas recurriendo a esfuerzos espirituales o a lugares asociados con la alegría y el desarrollo. Tiene una fe inexplicable en que las cosas saldrán bien. Suele creer en alguna entidad divina.

Su lado oscuro se caracteriza por una tendencia a dejar que el miedo guíe sus acciones. Al hacerlo, puede herir a los demás antes de que le hagan daño a él.

Cuestionario: ¿Qué arquetipo de niño interior soy?

Responda a las siguientes preguntas con un «sí» o un «no» en la sección de «respuestas». El arquetipo con el mayor número de respuestas afirmativas es el arquetipo al que pertenece.

1. En general, me siento seguro.
2. A menudo me descuidaron de niño.
3. Me siento incomprendido por los demás.
4. Me siento en casa cuando paso tiempo en la naturaleza.
5. Huyo de las responsabilidades.
6. Siempre estoy emocionado por lo que vendrá.
7. Creo sinceramente que nadie tiene la intención de hacer daño a otra persona.
8. La vida es una serie constante de sinsabores.
9. Los cambios en el mundo que me rodea me asustan.
10. Me siento en sintonía con los ciclos naturales del mundo.
11. Me cuesta encontrar un trabajo adecuado a mis necesidades.
12. Estoy abierto a experimentar las aventuras de la vida.
13. Confío en que los demás cuidarán de mí.
14. Tengo miedo de las personas autoritarias.
15. Lucho con la autoestima y la autovaloración.
16. Tengo miedo de no sobrevivir.
17. A veces me invade un falso sentimiento de arrogancia.
18. Suelo ser el centro de atención.
19. Creo que el mundo es un lugar seguro.
20. Me siento abandonado.
21. Me siento ansioso cuando mi seguridad se tambalea ligeramente.
22. A menudo me preocupa que me traicionen.
23. Intento vivir mi vida al máximo, sin importarme las consecuencias.
24. Tengo fe en que las cosas saldrán bien, aunque a veces no lo parezca.

Respuestas:

El niño inocente:

1:

7:

13:

19:

El niño huérfano:

2:

8:

14:

20:

El niño herido:

3:

9:

15:

21:

El niño de la naturaleza:

4:

10:

16:

22:

El niño eterno:

5:

11:

17:

23:

El niño divino:

6:

12:

18:

24:

Por mucho que intentemos luchar contra él, nuestro niño interior sobrevive dentro de nosotros, exigiendo sus derechos. Es una parte activa de lo que somos, pide atención y requiere reconocimiento. El arquetipo del niño desea ser escuchado. De él provienen nuestros arrebatos lúdicos aleatorios, nuestros momentos de inocencia, creatividad e imaginación salvaje. Aunque nunca desaparece, la voz del niño interior se vuelve más tenue a medida que nos adentramos en la adolescencia. Con las presiones y expectativas que conlleva la edad adulta, a menudo sentimos el impulso de reprimir al niño interior. A medida que esta voz se hace menos prominente, pensamos que la hemos superado con éxito y que podemos dejarla atrás para siempre. Sin embargo, esto nunca es así.

Capítulo 3: Descubrir al niño interior

Si no vuelve a buscar a su niño interior para salvarlo, ¿quién lo hará? Usted es el único que puede conectar con él y entender lo que está pasando. A medida que crecemos, perdemos el contacto con nuestro niño interior. Nos olvidamos de esa parte inocente de nosotros mismos que aún experimenta emociones infantiles y necesita que la cuiden. Descuidamos nuestras esperanzas, sueños y necesidades y nos preocupamos solo por lo que quiere nuestro yo adulto. Su niño interior es también la parte que guarda su dolor y sus traumas, lo que puede influenciar sus decisiones y reacciones. Nadie puede negar su papel en la formación de nuestra personalidad, lo que nos lleva a preguntarnos por qué no le prestamos atención.

Siempre hay una razón oculta o un desencadenante detrás de nuestras acciones o reacciones imprevisibles. Su niño interior es una parte de su subconsciente que guarda la respuesta a la pregunta «¿por qué soy así?». Si no reconoce esta faceta de su personalidad, es posible que nunca llegue a comprender del todo quién es o por qué experimenta determinadas emociones.

Debe reflexionar para descubrir a su niño interior
https://unsplash.com/photos/bbjmFMdWYfw

Encontrar a su niño interior es vital para su sanación. Su alma herida requiere atención para superar todos los traumas que ha experimentado a lo largo de los años. Sin embargo, ¿cómo solucionar un problema si no es consciente de él? ¿Cómo satisfacer las necesidades de su niño interior si no sabe cuáles son? La sanación requiere un viaje de autodescubrimiento y enfrentarse cara a cara con los traumas, el dolor y los miedos. En pocas palabras, para sanarse, debe enfrentarse a su niño interior y llegar a la raíz de su trauma. Si no es consciente de su niño interior, este se apoderará de usted cuando menos lo espere y lo dominará.

Descubrir a su niño interior, como su nombre indica, es tomar conciencia de su alma herida, reconocerla, admitir su existencia y darle el amor y la compasión que siempre ha necesitado. Este viaje de autodescubrimiento le permitirá abrazar y aceptar a su niño interior como parte de lo que es, en lugar de luchar contra él, ignorarlo o adormecer el dolor. Dicho esto, no puede emprender este viaje sin antes aprender a quererse y valorarse. Creer en usted mismo, en sus capacidades y en sus habilidades le motivará no solo a descubrirse, sino también a creer que puede curar sus heridas.

Cuando empiece a descubrir y abrazar su alma herida, verá esta parte de usted como un niño pequeño indefenso que necesita amor, compasión y aceptación. Aunque encontrar a su niño interior es muy beneficioso para su bienestar, para algunas personas puede ser un paso grande y aterrador. No sabe lo que descubrirá en este viaje. Su niño interior puede estar feliz y sano o estar traumatizado por cosas que usted ni siquiera recuerda.

Beneficios de descubrir al niño interior

Descubrir a su niño interior le ayudará a liberar el dolor y los traumas que han herido su alma. Cuando su niño interior está sano, empieza a navegar por la vida como un adulto que toma decisiones y se enfrenta a los retos en lugar de limitarse y tener miedo. Nuestro niño interior tiene necesidades, pero cada vez que nos las comunica, las descartamos por pensarlas innecesarias. Necesidades como el amor, la seguridad, los límites, la espontaneidad y la legitimación son válidas. Si no se satisfacen, pueden afectar la salud mental. Por eso, debe encontrar a su niño interior, escucharlo, nutrirlo y satisfacer sus necesidades para llevar una vida plena y feliz.

Descubrir al niño interior y conectar con él tiene muchas ventajas. Su niño interior está intentando llegar a usted y está buscando llamar su atención. Así que responda al llamado, póngase en contacto con esa parte de usted mismo y verá cómo mejoran varios aspectos de su vida.

Aumentar la confianza en uno mismo

Una vez que se ponga en contacto con su niño interior, comenzará su viaje hacia la autosanación. Acceder a esta parte de usted mismo despertará el lado juguetón de su niño interior, al que le encanta divertirse, probar cosas nuevas y vivir aventuras. Como resultado, será más audaz, tendrá más confianza en usted mismo y estará más decidido a alcanzar sus objetivos. Tendrá la mentalidad de «si puedo descubrir a mi niño interior y trabajar en él, puedo hacer cualquier cosa».

Autocuidado

Conocer a su niño interior es una forma de autocuidado. se dará la oportunidad de conocer sus necesidades para trabajar en satisfacerlas y así cuidar de usted mismo y de su bienestar. Su alma herida se sentirá como un niño de verdad al que tiene que cuidar y proteger, como una madre que no deja que nadie haga daño a su bebé. Por lo tanto, hará del autocuidado una prioridad.

Sentirse juguetón

A medida que accede a su niño interior, conoce el dolor, el trauma y los aspectos divertidos e infantiles de su personalidad. Se libera de todas las restricciones de la edad adulta, se suelta y se divierte. Experimenta una sensación de relajación lejos de la seriedad y las responsabilidades de la edad adulta, aunque solo sea por un rato. Esto puede hacer maravillas por su salud física y mental.

Comprenderse a sí mismo

Descubrir a su niño interior le hará conocerse a sí mismo. Descubrirá cosas de su pasado o de su personalidad que había olvidado o reprimido, como ciertas emociones y recuerdos. A través de este autodescubrimiento, podrá encontrar el origen del dolor que afecta a sus acciones y decisiones adultas, de modo que pueda dar los pasos necesarios para trabajar sobre usted mismo.

Mejorar la salud física

Muchas personas no son conscientes de los beneficios de comprenderse y conocerse mejor a sí mismas. El autoconocimiento le ayuda a relacionarse con los demás y a sentirse conectado con el mundo que lo rodea, haciéndole sentir que pertenece a un lugar. El sentido de pertenencia y de comunidad refuerza el sistema inmunitario y mejora la salud física.

Amor propio

El amor propio se confunde a menudo con el narcisismo o el ego; sin embargo, no puede ser más diferente. Muchas personas son reacias a quererse a sí mismas y consideran que es una idea extraña. Entrar en contacto con su niño interior le hará verse a sí mismo bajo una luz diferente. Se familiarizará con esa parte inocente y vulnerable de usted mismo que necesita ser amada. Simpatizará con ella y le dará el amor y la compasión que siempre ha anhelado. Cuando acepte a su niño interior como parte de usted, experimentará el verdadero amor propio.

Síntomas del descubrimiento del niño interior

Al iniciar su viaje de autodescubrimiento, debe estar preparado para cualquier cosa. Al acceder a esta parte de su personalidad, experimentará una amplia gama de emociones; algunas son positivas, mientras que otras son negativas. Aproveche todas las emociones positivas y deje que sean una fuerza que le impulse a sanar, crecer y disfrutar de la vida. Las emociones negativas le darán una idea de las heridas y traumas que ha sufrido todo este tiempo para que pueda trabajar en sus problemas y finalmente sanar.

Emociones positivas

- Creatividad.
- Alegría.
- Diversión.
- Ganas de divertirse.
- Actitud desenfadada.
- Sentirse menos insensible y desconectado emocionalmente.

Emociones negativas

- Tomar conciencia de recuerdos y emociones reprimidas.
- Traumas infantiles.
- Dolor y miedo.

Desafíos de descubrir su alma herida

No espere que este viaje de autodescubrimiento sea un camino de rosas; habrá algunos retos en el camino para los que debe estar preparado. Conectar con su niño interior puede ser difícil si ha sufrido experiencias traumáticas durante su infancia. Se enfrentará a recuerdos y emociones reprimidos que no quiere volver a ver. Recordar cosas que ha luchado mucho por olvidar o reprimir puede desanimarle de continuar en este viaje. Enfrentarse a estos recuerdos puede ser un reto, por lo que muchos prefieren ignorar a su niño interior antes que sacar a la luz sus traumas. También es posible que se avergüence de tener un niño interior asustado y vulnerable. Sin embargo, no está solo; todos tenemos un niño interior. La única diferencia es que algunos son felices y están satisfechos, mientras que otros están traumatizados y luchan.

Muchas personas se enfrentan a estos retos, y es bastante normal. El dolor y el miedo que experimentan tras verse expuestos a emociones y recuerdos que han intentado evitar durante mucho tiempo puede ser emocional y mentalmente agotador. Como resultado, abandonan, dejando herido a su niño interior y buscando adormecer el dolor con mecanismos poco saludables como el alcohol o las drogas.

Nadie dijo que sanarse fuera fácil, pero vale la pena. Descubrir que hay una parte de usted que está traumatizada puede ser impactante y difícil de afrontar. Sin embargo, debe dejar que este dolor lo motive a tomar a su niño interior de la mano y ayudarle a seguir adelante y a crecer. Una vez que lo haga, podrá liberarse del dolor del pasado. Es un camino largo y duro que empieza con un paso vital: descubrir su alma herida.

Guía para descubrir a su niño interior

En esta parte del capítulo, le proporcionamos una sencilla guía para descubrir su alma interior herida. Llegar a su niño interior no es fácil. Tiene sus dificultades y puede llevar un tiempo. No debe preocuparse ni rendirse; al final, llegará y descubrirá sus secretos.

Abra su mente

Antes de embarcarse en su viaje de autodescubrimiento, debe abrirse a la idea de que puede albergar un niño interior. Tener dudas es normal al principio, pero debe considerar a su niño interior como una parte de usted, no como algo separado. En pocas palabras, cambie de perspectiva. No está descubriendo a su «niño interior» exactamente, está descubriendo sus relaciones y experiencias pasadas. No creer en la idea de un niño interior o en el poder de conectar con él puede crear una barrera que le impida descubrirlo.

Soñar despierto

Siéntese a solas en una habitación tranquila, cierre los ojos y deje que su mente viaje a su infancia. Piense en lo sencillas que eran las cosas entonces, sin responsabilidades, corriendo libremente y siendo espontáneo y tonto. No le importaba el dinero; las cosas más sencillas le hacían feliz. Se reía hasta que le dolía el estómago y la palabra «estrés» ni siquiera tenía significado para usted. Ahora, abra los ojos y escriba todo lo que vio y sintió. ¿Le evocaba emociones felices y alegres? ¿O fue su infancia tan traumática que evocó dolor y miedo? Escríbalo todo, incluyendo lo que le hacía feliz de niño y lo que le causaba más dolor y sufrimiento.

Haga cosas que le gustaban de niño

Trate a su niño interior como a alguien a quien quiere conocer. Intente averiguar qué le gustaba para conectar con él y acercarse. ¿Cómo puede conocer las aficiones de su niño interior? Piense en las cosas que le gustaban de niño, como montar en bicicleta, nadar en la piscina con sus mejores amigos, patinar, bailar o pasar el día en la biblioteca. Hiciera lo que hiciera de niño, lo hacía con un único propósito: divertirse. No tenía responsabilidades y hacía las cosas porque quería, no porque tenía que hacerlas.

Haga las cosas que disfrutaba de niño
https://www.pexels.com/photo/photograph-of-two-girls-on-a-swing-1814433/

¿Cuándo fue la última vez que hizo algo solo por diversión? Es el momento perfecto para hacer algo que le haga feliz. Vuelva a la época en que la vida era sencilla, sin estrés, y su única preocupación era divertirse. Intente hacer algo creativo como colorear, garabatear, pintar o jugar a su videojuego favorito de la infancia. Estas actividades le relajarán, desconectarán su mente y despertarán emociones que quizá haya olvidado. Algunas de estas emociones o recuerdos pueden manifestarse en sus dibujos o garabatos.

Busque la ayuda de un niño

Como adulto, puede que le cueste ver las cosas desde la perspectiva de un niño. Muchos de nosotros hemos olvidado cómo tener una actitud infantil. Buscar la ayuda de un niño, como su hijo, hija, sobrinos o sobrinas, puede ser muy útil. De hecho, hay muchas cosas que podemos aprender de los niños. Pase algún tiempo con los niños de su familia y diviértanse jugando cosas como la escondida o la mancha. Estos juegos le ayudarán a liberarse de las limitaciones de la edad adulta mientras corretea sintiéndose libre y divirtiéndose. Ver sus dibujos animados favoritos de cuando era niño o leer su libro favorito de la infancia también puede traerle recuerdos y emociones positivas.

También puede jugar a imaginar cosas, como que es Darth Vader y corre persiguiendo a los niños. Los escenarios imaginarios pueden devolverle sus fantasías y sueños infantiles. Sin embargo, este juego no siempre despierta emociones y recuerdos reconfortantes. Si sufrió un trauma de niño y utilizó la imaginación como mecanismo de supervivencia para escapar de la dura realidad, es posible que se encuentre recordando esos momentos.

Inicie un diálogo con su niño interior

Mantener una conversación con alguien puede enseñarnos mucho sobre esa persona. Lo mismo puede aplicarse a su niño interior. No es que deba empezar a hablar consigo mismo (aunque si cree que le ayudará, hágalo), pero puede hablar con su niño interior a través de un diario. Por ejemplo, si vivió un acontecimiento traumático de niño, escribir sobre ello puede ayudarle a ponerse en contacto con su niño interior. Puede escribirse una carta a sí mismo o explorar algunos de sus recuerdos y escribir sobre ellos en su diario. Mientras escribe, piense en un recuerdo concreto y escriba todo lo que se le venga a la mente, no se contenga. También puede hacer preguntas a su niño interior y anotar las respuestas. Reconocer a su niño interior en este preciso momento, abrazar la idea sin dudas y escuchar lo que intenta decirle es crucial para que esto funcione.

Mire hacia dentro, reflexione sobre usted mismo e intente acceder a todas sus emociones y recuerdos enterrados para comunicarse con su alma herida. A través de la escritura no solo aprenderá mucho sobre su niño interior, sino que también establecerá un vínculo con él.

Viaje a través de los recuerdos

Su niño interior sigue atrapado en el pasado, así que debería hacer un viaje al pasado para conectar con él. Puede revivir recuerdos de varias formas, como mirando fotos antiguas, leyendo su diario de la infancia o mirando cosas de su niñez, como sus juguetes. También se sabe que los olores ayudan a evocar recuerdos, así que intente oler un antiguo perfume o desodorante. Por ejemplo, si percibe el aroma de su plato favorito, recordará todas las veces que lo hacía su abuela y todos los dulces recuerdos que compartieron. También puede pedir a sus amigos de la infancia, hermanos, padres u otros familiares que compartan con usted historias de su niñez. Estas historias pueden evocar recuerdos y emociones dulces, agridulces o dolorosas.

Busque la ayuda de un terapeuta

Este proceso no es fácil y es posible que se encuentre con algunas dificultades en el camino. En algunos casos, descubrir a su niño interior puede desencadenar recuerdos y emociones dolorosas. Por eso, buscar la ayuda de un profesional puede ser lo que necesita para encontrar a su niño interior. Un terapeuta le acompañará en el proceso de descubrir su alma herida y le dará consejos y orientación para ayudarle a superar recuerdos traumáticos. También puede ayudarle a descubrir recuerdos y emociones reprimidas que había enterrado profundamente porque no quería afrontar. Asegúrese de encontrar un terapeuta que tenga experiencia en trabajar con el niño interior.

Cuestionario

Le recomendamos que trabaje los pasos mencionados durante algún tiempo antes de realizar este cuestionario.

¿He descubierto a mi niño interior?

A continuación, le proporcionamos una lista de preguntas de sí o no, y sus respuestas determinarán si ha descubierto a su niño interior o no. Piense bien y tómese su tiempo con cada pregunta.

1. ¿Se siente más creativo que antes?
   - Sí
   - No

2. ¿Se siente más juguetón y con ganas de divertirse?
   - Sí
   - No

3. ¿Se siente más en contacto con emociones infantiles como la alegría y la actitud despreocupada o la rabia y las pataletas?
   - Sí
   - No

4. ¿Siente el deseo de practicar alguna actividad o jugar a algún juego de su infancia?
   - Sí
   - No

5. ¿Se siente menos insensible emocionalmente que antes?
   - o Sí
   - o No

6. ¿Ha descubierto recientemente un trauma de la infancia o un recuerdo doloroso en el que no había pensado en años?
   - o Sí
   - o No

7. ¿Han empezado a resurgir emociones reprimidas?
   - o Sí
   - o No

8. ¿Determinadas imágenes u olores le traen recuerdos de su infancia (buenos o malos)?
   - o Sí
   - o No

9. ¿Sueña despierto a menudo con su infancia?
   - o Sí
   - o No

10. ¿Le gusta pasar tiempo con niños?
    - o Sí
    - o No

11. ¿Llevar un diario le ayuda a descubrir cosas sobre sí mismo?
    - o Sí
    - o No

Lo ideal sería que respondiera «sí» a todas o a la mayoría de estas preguntas. Si la mayoría de sus respuestas son «no», entonces todavía necesita trabajar en usted mismo para descubrir a su niño interior.

No se desanime si aún no ha descubierto su alma herida. Se trata de un proceso largo y lleva tiempo y esfuerzo llegar a término. También puede ser una experiencia traumática para algunas personas, lo que puede prolongar el proceso.

El camino hacia la sanación comienza con un solo paso, descubrir a su niño interior para conectar con él. Es un camino que puede estar lleno de desafíos para algunas personas. Su niño interior le necesita y le ha estado llamando a través de acciones y emociones infantiles. Lo ha ignorado durante mucho tiempo. Es hora de actuar y prestarle la atención que necesita.

Descubrir a su niño interior le ayudará a aprender sobre usted mismo y, finalmente, a aceptar el hecho de que forma parte de lo que es. Su alma herida es parte de su viaje, un capítulo importante de su historia que no puede simplemente ignorar o saltarse.

Capítulo 4: Aceptar a su niño interior

«Sí, te siento, sé que está aquí y te acepto».

Todos queremos ser amados, abrazados y aceptados por lo que somos. El niño interior no es diferente: también anhela ser aceptado. Nadie puede negar la importancia de la autoaceptación y su papel a la hora de aumentar la autoestima y procurar una vida sana y plena. Todos queremos ser felices; es el objetivo que la mayoría perseguimos y tenemos en común. Aceptar a su niño interior le reconectará con esa parte de usted que ha estado ignorando durante tanto tiempo. Aprenderá a conocerla, comprenderá su dolor y, con el tiempo, llegará a quererla y aceptarla. Todo lo que experimentó de niño -incluso los traumas- forma parte de usted e influye en la persona en la que se ha convertido. Luchar contra su dolor solo hará que este crezca. En cambio, una vez que lo acepta como parte de su viaje, le quita poder y empieza a ver a su niño interior como alguien vulnerable, asustado y que quiere que lo abracen.

Es importante abrazar a su niño interior
https://www.pexels.com/photo/a-woman-in-knit-sweater-hugging-self-5709914/

En la edad adulta, la gente suele pensar que lo sabe todo sobre sí misma y sobre el mundo que le rodea. ¿Y si le dijéramos que no solo no lo tiene todo claro, sino que además debe desaprender algunos de los hábitos que ha adquirido a lo largo de los años? Abrazar a su niño interior es una oportunidad de desaprender los malos hábitos y rasgos de personalidad que resultaron de sus traumas.

Al crecer privado de amor y creyendo que no es lo suficientemente bueno, el niño interior empieza a buscar la perfección y cree que, si no es perfecto, no es digno de amor. La perfección es una ilusión; cuanto más la persiga, más frustrado se sentirá. Al final, despreciará esta parte de sí mismo. En cambio, cuando escuche, acepte y alimente a su niño interior, comprenderá que solo quiere protegerle. Por lo tanto, dejará de desconfiar y empezará a querer y a simpatizar con ese niño interior vulnerable que no conoce nada mejor.

Aceptar a su niño interior es como la frase lo indica: aceptar plenamente a su niño interior como parte de su pasado, presente y futuro, y el papel que tiene en la formación de su personalidad adulta. Lo acepta sin juzgarlo ni avergonzarse y lo abraza con todos sus traumas y su dolor. La aceptación es el regalo más valioso que puede hacer a alguien, así que imagine darse eso a usted mismo. Es otro paso vital que debe dar para curar a su niño interior, dejar atrás el pasado y avanzar hacia un futuro más brillante y feliz.

Dicho esto, no puede aceptar a su niño interior antes de haberlo descubierto por completo y de verdad. ¿Cómo puede aceptar algo que no ha encontrado? Como se mencionó en el capítulo anterior, descubrir a su niño interior es el primer paso antes de comenzar su sanación. Una vez que lo encuentre y comprenda que su dolor, miedo, alegría y traumas forman parte de lo que es, podrá empezar a aceptarlo y abrazarlo. Su niño interior es usted; es un hecho que nunca debe negar o combatir y del que nunca debe avergonzarse.

La importancia de aceptar su alma herida

Si no puede aceptar su alma herida, ¿cómo podrá sanar? No puede vivir luchando con una parte de usted mismo o avergonzado de ella. Reconózcala y acéptela para hacerse más fuerte y dejar atrás el pasado. Aceptar su alma herida le ayudará a ser una persona más feliz e indulgente, no solo con usted mismo, sino también con los demás.

En su interior se encuentran todas las respuestas que busca. Solo tiene que reflexionar sobre usted mismo para encontrar lo que busca. No puede seguir ignorando su alma herida. Lleva toda la vida enviándole mensajes a través de la ansiedad, la autocrítica e incluso la depresión. Una vez que acepte plenamente a su niño interior, podrá comprender por fin el significado que hay detrás de esos mensajes. Hay una razón detrás de la ansiedad, hay una razón por la que quiere complacer a la gente y le cuesta decir que no, y hay una razón por la que ha tenido problemas de pareja toda su vida. Su infancia traumática es la causa de muchos de los problemas de su vida adulta. Abrazar a su niño interior significa que comprende que puede ser la causa de muchos de los problemas que tiene ahora. Estar dispuesto a buscar soluciones para ayudarse en lugar de evadir o rechazar las dificultades.

Aceptar su alma herida significa que está dispuesto a sanar y que está dando los pasos necesarios para recuperarse de sus experiencias pasadas. Su niño interior es un alma sensible e inocente; abrazarla significa aprovechar su lado positivo con todas sus maravillosas cualidades. Le recordará que debe amarse, perdonarse y ser sincero con usted mismo y con el mundo que le rodea.

Perdón

Los niños no guardan rencor. ¿Recuerda cuando era niño y se peleaba con su mejor amigo o con sus hermanos? ¿Les guardaba rencor? Los niños superan las peleas rápidamente y vuelven a jugar entre ellos como si nada hubiera pasado. Cuando acepta a su niño interior, acepta cada parte de él, incluida la capacidad de perdonar. Aceptar a su niño interior le ayuda a ver si es víctima de una mala infancia o de malas circunstancias. Como resultado, aprenderá a ser más amable con usted mismo y a perdonarse los errores que haya cometido cuando su alma herida se apodera de usted.

Honestidad

¿Quién es más honesto que un niño? A veces, pueden ser brutalmente honestos. Dicen lo que piensan sin miedo a ser juzgados. A diferencia de nosotros, no evaden o distraen la verdad. ¿Cuándo fue la última vez que dijo lo que pensaba sin preocuparse de que los demás le juzgaran? ¿A veces se resiste a decir la verdad? Abrazar a su niño interior le ayudará a abordar sus relaciones y su vida con una actitud honesta. Comprender y aceptar que una parte de usted ha sido herida le abrirá los ojos y le animará a ser más honesto con usted mismo sobre sus propósitos y a entender que la sanación es más una necesidad que una opción.

Cómo aceptar a su niño interior

Hablemos ahora de los métodos que le ayudarán a aceptar su alma herida. Nunca se insistirá lo suficiente en la importancia de aceptar esta parte de cada uno. De hecho, es un paso esencial en el proceso de sanación.

1. Cuide de su niño interior

Todo niño necesita una madre que lo nutra y lo cuide. Abrace a su niño interior dándole el amor maternal y el afecto que siempre ha anhelado. No todos los niños crecen en un hogar cariñoso con padres afectuosos. Hay padres narcisistas o inmaduros que son incapaces de querer a sus hijos. Incluso los mejores padres tienen momentos en los que estaban demasiado ocupados, perdían la paciencia o gritaban a sus hijos. Nunca quisieron hacerles daño, pero son humanos y a veces cometen errores. Sin embargo, el niño no lo ve de esta manera y esas experiencias pueden acompañarlo para siempre.

Un adulto que no ha sido amado o que todavía se está recuperando de ciertos problemas de la infancia siempre es duro consigo mismo cuando comete un error. Se vuelve autocrítico, se siente culpable o se menosprecia. Imagine que tratara a un niño de la misma manera cada vez que comete un error. ¿Puede mirar a un niño inocente a los ojos y menospreciarlo por hacer algo mal? ¿Cómo afectaría esto a su salud mental y a su bienestar? Su niño interior, como ya se ha dicho, es su parte más infantil y debe tratarlo como tal. Para aceptarla y abrazarla, observe sus pensamientos cada vez que cometa un error. En lugar de la negatividad, críe y alimente a su niño interior consolándolo. Su alma herida está asustada y necesita que la tranquilicen. Siendo amable y cariñoso con esta parte vulnerable de usted mismo es como demuestra que la ha aceptado plenamente.

2. Alcance los sueños de su niño interior

Piense en un sueño que quiera alcanzar cuando sea mayor. La imaginación de los niños no tiene límites; creen que pueden hacer y conseguir cualquier cosa. Sin embargo, a medida que crecemos, empezamos a tener sueños más realistas o prácticos. Algunas personas disuaden a los demás de seguir sus sueños y les dicen que busquen caminos más estables. Con la edad nos olvidamos de estos sueños, pero el niño interior sigue recordando cada sueño que hemos tenido.

Para aceptar plenamente esta parte de su personalidad, puede cumplir uno o varios de sus sueños infantiles. No debe dejar su trabajo o sus responsabilidades. Puede cumplir su sueño sin poner en peligro su carrera. Por ejemplo, si siempre ha querido ser artista, puede tomar clases de arte; o si ha querido ser escritor, puede tomar clases de escritura creativa. Crea en usted mismo y demuéstrele a su niño interior que sigue creyendo que todo es posible.

3. Jugar o bailar

En el capítulo anterior se ha mencionado cómo jugar con los niños, hacer algo creativo que le gustaba de pequeño o simplemente bailar puede ayudarle a descubrir a su niño interior. Estas divertidas actividades infantiles también pueden ayudarle a aceptar su alma herida. Hacer cosas con las que disfruta su niño interior es una forma estupenda de mostrarse a usted mismo que acepta y abraza esta parte de usted. Así que dibuje, pinte, juegue, ponga algo de música y baile como si nadie le estuviera viendo o váyase al karaoke con sus amigos y cante a todo pulmón. Aunque tenga mala voz, no tenga miedo de hacer el ridículo.

4. Escuche a su niño interior

¿Cómo puede aceptar su alma herida si no la escucha activamente? Ya se ha hablado antes de cómo su niño interior se comunica con usted a través de emociones fuertes derivadas de situaciones detonantes. En lugar de descartar estas emociones, examínelas más de cerca para entender por qué se han producido.

Por ejemplo, usted y su mejor amigo tenían una cita, pero él la canceló en el último momento. En lugar de comprender que todos tenemos responsabilidades y que pueden surgir cosas, usted se siente rechazado. Se comporta como un niño y se niega a responder las llamadas o mensajes de su amigo. Cuando se tranquiliza y ve los mensajes, se da cuenta de que su pareja ha tenido un accidente y por eso ha tenido que cancelarle la cita. Ahora se siente fatal por haber reaccionado como un «niño» y se siente frustrado y enfadado con usted mismo.

Esta rabieta es su alma herida comunicándole su dolor. Para mostrar aceptación a su niño interior, escuche lo que intenta decirle. Comprenda por qué ha actuado así. ¿Por qué se sintió rechazado cuando su amigo canceló? Quizá sus padres siempre estaban ocupados y tenían que cancelar planes o nunca aparecían en sus partidos de fútbol o recitales de ballet. Escuchar las emociones de su niño interior y ver la situación desde su perspectiva es un gran paso para aceptar esta parte de usted mismo en lugar de sentirse culpable o rechazar estos sentimientos.

5. Identifique a su niño interior

En un capítulo anterior, hablamos de los arquetipos del niño interior y de cómo identificar el suyo. Identificar a su niño interior le ayudará a aceptarlo por lo que es sin intentar cambiarlo.

6. Tome en serio a su niño interior

Puede que piense que lo que siente su niño interior es irrelevante para usted. Tener rabietas, sentirse rechazado o querer jugar pueden parecer necesidades infantiles para un adulto. Por eso, en lugar de prestarles atención, las ignora. Sin embargo, siempre hay una razón detrás de sus necesidades infantiles, y proviene de algo más profundo. Así que tome en serio a su niño interior y satisfaga sus necesidades.

7. Sea amable con su niño interior

Su niño interior está herido, roto, asustado y busca aceptación. La mayoría de las almas heridas solo quieren saber que alguien las cuida. Nadie más que usted puede salvar a su niño interior. Recuérdele de vez en cuando a su alma herida y rota que la quiere. Cada vez que se mire al espejo, dígase a sí mismo «te quiero».

Si tuvo una infancia traumática o sufrió abusos o abandono, su niño interior probablemente crea que fue culpa suya. Ahora que ha crecido y se ha dado cuenta de que no fue su culpa, dígaselo también a él. Dígale que no se merecía esa infancia, que merecía que le quisieran y le cuidaran.

Discúlpese con su niño interior por haberse comportado como un niño. Ser duro con usted mismo, autocrítico, o ponerse en último lugar son cosas que todavía hieren a su niño interior. Dígale a su alma herida que lo siente y protéjala de más dolor.

Se ha mencionado en capítulos anteriores que su niño interior está impulsado por el miedo y solo quiere protegerle. Aunque haya retenido y almacenado recuerdos dolorosos, debe agradecerle que esté ahí para usted y que intente protegerle de más dolor. Hágale saber que no le está juzgando y que quiere darle las gracias por intentarlo.

Aceptar a su niño interior no es solo decir: «Te acepto». Es decirle todo lo que necesita oír para sanar.

8. Proteja a su niño interior

Antes se ha mencionado que debe tratar a su niño interior como una madre que protege a su bebé y no deja que nadie le haga daño. Su niño interior es su bebé y parte de aceptarlo es reconocer constantemente su existencia. Esto se hace comprobando que está bien y manteniéndolo alejado de situaciones dañinas. Su niño interior aún no se ha sanado, así que muéstrele amabilidad y respete sus necesidades. Es comprensible que quiera desprenderse de sus miedos y no dejarse frenar por ellos. Sin embargo, su niño interior puede tener ciertas inseguridades o miedos, así que trátelo con más sensibilidad. Por ejemplo, evite lugares como ascensores si teme a los espacios cerrados y es un miedo que empezó en su infancia. Si tiene un amigo o familiar tóxico que aumenta su ansiedad, evítelo todo lo que pueda y limite la comunicación con él. Proteja a su niño interior como protege a su hijo real o a su mascota.

La aceptación del niño interior y el crecimiento espiritual

Aceptar a su niño interior es un proceso de crecimiento espiritual. Es un largo camino que requiere tiempo y esfuerzo. No consiste simplemente en decirse a sí mismo: «Acepto a mi niño interior», y seguir adelante. debe trabajar para abrazar y aceptar esta parte de usted diariamente. Es la única manera de experimentar el crecimiento espiritual y la sanación. Tómese su tiempo en este proceso y escuche las necesidades de su alma herida, tómeselas en serio y protéjala ferozmente, como haría una madre.

Como ya se ha dicho, aceptar a su niño interior es el paso más importante hacia la sanación. A través de él, experimentará un crecimiento real. Hágale saber que lo acepta y que dejará de ignorarlo, silenciarlo o luchar contra él. Esta es la decisión más importante que tomará para acelerar su sanación. No solo reconoce a su niño interior, sino que lo acepta plenamente, lo abraza y lo trata con la compasión que se merece. Comprenderá que cuando su niño interior sane, usted también sanará y experimentará el crecimiento espiritual.

Cuestionario

¿Ha aceptado plenamente a su niño interior? Haga este test para averiguarlo.

1. ¿Ha reconocido a su niño interior?
    - Sí
    - No

2. ¿Ha hecho las paces con la idea de tener un niño interior traumatizado?
    - Sí
    - No

3. ¿Se siente orgulloso de su niño interior por haber aguantado tanto?
    - Sí
    - No

4. ¿Ama a su niño interior?
    - Sí
    - No

5. ¿Se siente agradecido por todo lo que su niño interior hizo para protegerlo?
    - Sí
    - No

6. ¿Cree que su infancia traumática estuvo fuera de su control y no fue culpa suya?
    - ○ Sí
    - ○ No

7. ¿Siente la necesidad de disculparse con su niño interior por todo lo que tuvo que soportar?
    - ○ Sí
    - ○ No

8. ¿Cree que su niño interior merecía una infancia mejor?
    - ○ Sí
    - ○ No

9. ¿Se toma en serio las necesidades de su niño interior?
    - ○ Sí
    - ○ No

10. ¿Juega o realiza otras actividades divertidas de su infancia?
    - ○ Sí
    - ○ No

11. ¿Es consciente de su arquetipo de niño interior?
    - ○ Sí
    - ○ No

12. ¿Ha intentado realizar alguno de sus sueños de la infancia recientemente?
    - ○ Sí
    - ○ No

13. ¿Cree que tiene un niño interior?
    - ○ Sí
    - ○ No

14. ¿Cree que su niño interior es una parte de usted y necesita sanación?
    - ○ Sí
    - ○ No

15. ¿Acepta tener un niño interior traumatizado?
    - Sí
    - No

Si responde a la mayoría de estas preguntas con un «sí», entonces ha aceptado plenamente a su niño interior. En cambio, si la mayoría de las respuestas son negativas, todavía necesita tiempo y esfuerzo, pero lo conseguirá.

Aceptar a su niño interior es su forma de decirle a su pasado «no más». Ahora está tomando el control de su trauma y, en lugar de dejar que le derrote, trabajará en usted mismo para vencerlo y comenzar su viaje de sanación. Recuerde que no solo se está curando de su pasado, sino que también se está protegiendo de traumas actuales o futuros. Acepte a su niño interior, quiéralo, cuídelo y protéjalo del dolor. Cuando esté curado, será él quien cuide de usted y le ayude a crecer.

Capítulo 5: Meditación del niño interior

Cuando siga los consejos de los capítulos anteriores, descubra con éxito a su niño interior y lo acepte por lo que es, verá que tiene mucho que decir. Sin embargo, al haberlo enterrado durante tanto tiempo, puede que no sea capaz de comunicarse con su niño interior justo después de reconocer su existencia. Este capítulo está dedicado a una de las técnicas más sencillas que pueden ayudarle a establecer una conexión significativa con su yo interior: la meditación. Conocerá el impacto que tiene la práctica de la meditación en la sanación del alma herida y en el mantenimiento de su salud mental, espiritual y física. Después de todo, estas tres áreas de la vida son esenciales para la salud y la felicidad de su niño interior, y la meditación ayuda a mejorarlas todas. También se proporciona una técnica de meditación para principiantes que puede practicar en cualquier momento que necesite comunicarse con su niño interior o sanarse a sí mismo.

La meditación desempeña un papel importante en la sanación de su niño interior
https://pixabay.com/es/photos/yoga-mujer-lago-al-aire-libre-2176668/

Meditación para sanar un alma herida

El primer paso para sanar a su niño interior y a su alma desde dentro es escuchar lo que dicen. Esto puede ser un reto, ya que puede tener problemas para interpretar sus mensajes, o simplemente no le gusta lo que están diciendo Los sentimientos que transmite su niño interior pueden desencadenar emociones fuertes y malestar, que solo podrá procesar con las herramientas adecuadas. No solo eso, sino que sentimientos hirientes como la rabia, la inseguridad, la vulnerabilidad, la ansiedad, la culpa, la vergüenza o la sensación de abandono y rechazo a menudo pueden remontarse a recuerdos concretos de su propia infancia. Los sentimientos de su niño interior no son más que el reflejo de estos acontecimientos, pero su malestar suele desencadenar respuestas negativas en su vida actual. La meditación es un ejercicio de inmersión. Le permite sumergirse en las profundidades de su alma y le revela los orígenes de los pensamientos negativos que tiene. La raíz de su desequilibrio espiritual está en la incapacidad de su niño interior para procesar el dolor y las heridas del pasado y la práctica meditativa puede ayudarle a superar esas experiencias traumáticas. Para entender cómo hacer esto, primero debe saber qué es la meditación y cómo funciona.

¿Qué es la meditación?

La meditación abarca una serie de técnicas diseñadas para mirar más allá de los pensamientos y emociones conscientes y descubrir lo que hay en la mente inconsciente. Al enfocar la mente en sus profundidades, la meditación fomenta la creación de una poderosa conexión con el ser interior, lo que permite experimentar la vida con mayor profundidad. A menudo, la meditación consiste en entrenar la mente y el cuerpo para mantener los pies en la tierra y abrirse a cualquier experiencia del momento presente.

Meditación y atención plena

Aunque la meditación también se considera una forma de atención plena, no todos los ejercicios de atención plena son tan reflexivos como la meditación. La atención plena lo trae al presente, que es el primer paso para conectar con su niño interior y sanarlo. En cambio la meditación es necesaria para superar procesos mentales conscientes y ver realmente lo que experimenta el niño que lleva dentro. En consecuencia, si quiere sanar a su niño interior, debe combinar estas dos prácticas.

Afortunadamente, la meditación consciente es una de las formas más sencillas de meditación. Puede realizarla en cualquier momento y lugar. Solo debe encontrar un lugar donde pueda concentrarse en sus pensamientos, sentimientos y acciones tal y como los experimenta en el presente. Debe evitar que el pasado o el futuro nublen su percepción y no debe permitir que ningún juicio o idea preconcebida le influya durante el proceso. Una meditación consciente centrada en sanarle desde dentro hace que su niño interior se centre en usted, relajando su cuerpo y permitiendo que su mente cree una imagen mental específica. Como tiene que enfocarse en visualizar al niño que representa sus emociones más profundas, se ve obligado a permanecer en el presente.

Beneficios de la meditación para sanar el alma herida

Como ya se ha establecido anteriormente en este libro, su niño interior es el reflejo de su alma, un reflejo lleno de alegría y felicidad en su estado natural. Cualquier negatividad que experimenta su niño interior representa su incapacidad para procesar traumas emocionales. La meditación puede ayudarle a restaurar el estado dichoso de su alma haciéndole consciente de todo el dolor que hay en su interior. Cuando no es consciente de su alma, solo puede centrarse en su cuerpo y su mente y en el dolor que hay en su interior. Además, los desequilibrios espirituales a menudo se manifiestan como síntomas físicos y mentales, incluyendo dolor y problemas cognitivos. Al eliminar solo la causa inmediata de los síntomas, solo los está disminuyendo, pero su verdadera fuente permanece y eventualmente hará que regresen. No puede comprender por qué ocurre esto y sigue buscando respuestas cuando, de hecho, las respuestas están ahí mismo, dentro de su niño interior.

Los distintos ejercicios de meditación pueden lograr relajación física, claridad mental, conexiones espirituales y tranquilidad emocional. Todo ello tiene un impacto positivo en la sanación de su alma herida y en la formación de un vínculo sólido con su niño interior.

He aquí los principales beneficios de las meditaciones del niño interior:

- **Mayor conciencia espiritual:** Al estar quieto, solo y retirar la atención de su entorno, su atención se desplaza a todo lo que experimenta su alma. Este nivel superior de conciencia espiritual le permite encontrar respuestas incluso a las preguntas más inquietantes. Se da cuenta de que tiene el don de sanar su alma y procede a hacerlo durante sus sesiones.

- **Aumento de la tolerancia al dolor:** Al principio, cuando relaje su mente su cuerpo se hará consciente de todo el dolor y las molestias que pueda sentir. Sin embargo, a medida que aprenda a dejarlos de lado, su sistema nervioso empezará a enviar menos estímulos de dolor a su cerebro con cada sesión. Y puesto que el dolor físico puede ser tanto la causa como el síntoma de un alma herida, reducirlo le elevará el ánimo.

- **Reducción de los niveles de estrés:** Cuando relaja su cuerpo y su mente, su cerebro reduce sus niveles de cortisol en sangre. Esta hormona causa efectos prolongados del estrés, como ansiedad, depresión, falta de sueño, deterioro de las funciones cognitivas y toda una serie de emociones negativas que afectan al espíritu. Eliminarlo del torrente sanguíneo significa una mejor salud física, mental y espiritual. Al mismo tiempo, aumentan los niveles del neurotransmisor inhibidor GABA (ácido gamma-aminobutírico) en el sistema nervioso. Esto hace que todos los neurotransmisores que inducen el estrés dejen de funcionar, lo que tiene el mismo efecto que reducir los niveles de cortisol.

- **Mejora del estado de ánimo:** Después de cada una de sus sesiones, los niveles de otra hormona, la serotonina, también empezarán a aumentar. La serotonina se conoce a menudo como la hormona del bienestar, porque provoca una sensación general de bienestar. Sus efectos son duraderos y abarcan múltiples planos de la vida. Esta hormona le anima a explorar las emociones negativas y le hace sentir mejor. No importa lo difícil que sea afrontarlas, podrá hacerlo porque también está lleno de emociones positivas y alentadoras.

- **Refuerzo instantáneo de la felicidad:** La mediación también favorece la producción de endorfinas, que, al igual que la serotonina, provocan una mejora significativa del estado de ánimo. Y aunque sus efectos eufóricos no duran tanto como los de la serotonina, las endorfinas pueden dar un impulso instantáneo cuando lo necesita. Al recibir una gran dosis de endorfinas cuando se comunica con su niño interior, puede enviarle más emociones positivas y curarlo más rápido.

- **Mayores niveles de melatonina:** Enfocar su mente durante la sesión le enseñará a eliminar las distracciones que dificultan la capacidad de su cuerpo para producir la hormona melatonina. Puede triplicar sus niveles de melatonina en solo unas semanas meditando un par de minutos al día. Como resultado, tendrá un sueño mucho mejor, un sistema inmunológico robusto y la capacidad de prevenir muchas enfermedades conocidas por causar traumas espirituales profundos.

- **Eliminación de otras sustancias endocrinas:** La meditación equilibra los niveles de insulina y glucagón, las dos hormonas responsables de regular los niveles de azúcar en la sangre. Al mantener sus niveles de glucosa en un rango normal, su cuerpo recibe menos estrés, lo que significa que habrá menos causas para que su ánimo esté bajo. Las prácticas meditativas también aumentan los niveles de hormona del crecimiento. Esta sustancia química endocrina es responsable de mantener las funciones adecuadas de prácticamente todas las células del cuerpo. Producirla en mayor cantidad significa una mayor capacidad para prevenir causas físicas y mentales de desequilibrio espiritual.

- **Mayor capacidad para expresar emociones:** Si experimenta sentimientos tanto positivos como negativos, será capaz de transmitirlos de forma sana tras unas pocas sesiones. Cuando empiece a expresar sus emociones, notará los efectos positivos de esto en sus relaciones. Conduce a la producción de las hormonas que mejoran el estado de ánimo (de las que se ha hablado anteriormente), potenciando su influencia positiva en el bienestar espiritual.

- **Mayor nivel de autoaceptación:** Al concentrarse en dar todo el amor posible a su niño interior, esencialmente está aprendiendo a amarse y aceptarse a usted mismo. La mediación es una increíble fuente de alimento para su alma y un refuerzo de confianza sin igual que conlleva los beneficios espirituales de tener altos niveles de confianza.

- **Prioridades más sanas:** Un estado de conciencia más elevado puede ayudarle a reorganizar sus prioridades, colocando la sanación de su alma en lo más alto de la lista. La meditación estimula el córtex prefrontal, la parte del cerebro responsable del razonamiento lógico y los pensamientos sobre sí mismo. Las prácticas también pueden mejorar la capacidad de su cerebro para resistirse a seguir a otros en acciones, pensamientos y emociones que no están alineados con lo que siente o quiere su niño interior.

Meditación del niño interior

La siguiente técnica de meditación está diseñada para ayudarle a reconectar con su niño interior y sanarlo a él y a usted mismo. Le permitirá ver si el niño que lleva dentro sigue aferrándose a recuerdos dolorosos, aunque no quiera. También le ayudará a comprender que detrás de ese dolor hay un niño que puede mostrarle lo que es realmente la felicidad. Con este ejercicio, aprenderá a amar incondicionalmente a su ser interior, a honrar sus deseos más profundos y a invitar la paz a su vida.

Estos son los pasos para este ejercicio:

- Empiece poniéndose en una posición cómoda. Puede estar de pie, sentado o incluso acostado, siempre que pueda relajar el cuerpo y la mente.
- Cierre los ojos, respire hondo, exhale lentamente y repita los pasos.
- Concéntrese en su respiración mientras sigue relajándose hasta que sienta que el ritmo surge de forma natural.
- Cuando por fin sienta que no tiene que concentrarse en la respiración, haga una pausa mental y cambie el enfoque para ver si su cuerpo está relajado.
- Compruebe si sus mejillas, mandíbula y hombros están relajados y si sus brazos y piernas están en una posición natural. Todo su cuerpo debe sentirse caliente y pesado, excepto la zona del estómago, que debe sentirse ligera.
- Haga otra pausa y empiece a visualizar a su niño interior. Tómese su tiempo para apreciar su aspecto, posición, expresiones y comportamiento.
- Ahora abra los demás sentidos e intente oír los sonidos que emite el niño, percibir los olores que le rodean o reconocer cualquier otro estímulo que reciba.
- Imagine que el niño sostiene una burbuja oscura en una de sus manos. Mire más de cerca la esfera oscura para ver los recuerdos que contiene.
- ¿Percibe miedo, dolor o tristeza en los recuerdos oscuros que aparecen como imágenes fijas o en movimiento? ¿O solo emociones variadas a causa del rechazo y la decepción?
- Intente persuadir al niño de que le diga de dónde proceden esas emociones. Lo más probable es que su niño interior haya creado elaboradas historias sobre esas emociones. Si escucha con atención, se dará cuenta de que esas historias resuenan en sus pensamientos.
- En su cuento, el niño puede decirle que no se siente digno o lo suficientemente bueno para importarle a alguien o para tener lo que quiere. También puede decirle que le han hecho daño y que ya no puede confiar en los demás.

- Aunque todas estas historias son completamente normales, si siente que interfieren en su vida, es el momento de cambiarlas. Puede empezar a hacerlo respirando profundamente y sintiendo cómo el aire recorre su cuerpo para limpiarlo.
- Libere las emociones exhalando profundamente y, una vez más, acérquese al niño. Abrácelo con pensamientos y sentimientos positivos hasta que vea que la esfera oscura de sus manos se disipa.
- Aunque no desaparezca por completo, dígale al niño que le acepta, aunque no pueda desprenderse de todo el dolor que siente. Dígale que puede acudir a usted con cualquier pensamiento o emoción problemática que tenga en el futuro.
- Ahora, haga otra pausa, durante la cual solo debe concentrarse en su respiración.
- Después, imagine al niño de nuevo, ahora con una esfera brillante en la otra mano. Esta burbuja está llena de recuerdos felices, amor, risas, sueños y deseos.
- Sienta la ligereza de estas emociones, tanto si aparecen como una imagen, una pequeña película o un simple sentimiento. Tómese su tiempo para empaparse de ellas y deje que se llenen de felicidad.
- Observe lo feliz que está el niño cuando mira la esfera. Observe lo brillante que es su sonrisa y deje que esa sonrisa se apodere también de usted.
- Invite más felicidad a su vida preguntando al niño por su juego, acontecimiento o recuerdo favorito.
- Vuelva a abrazar al niño para crear más recuerdos felices y sentir su amor hacia usted. Es tan poderoso como el que usted muestra hacia él.
- Cuando sienta que usted y su niño interior están en sintonía, deje que su imagen desaparezca, vuelva a centrar su atención en la respiración y vuelva a ser consciente del mundo que le rodea.

Consejos para meditar en el niño interior

Si no está familiarizado con la meditación y otras técnicas de atención plena, puede que la experiencia le resulte un tanto peculiar. Uno de los aspectos con los que puede tener dificultades al principio de su viaje es enfocar su mente el tiempo suficiente para que el ejercicio funcione. Afortunadamente, sea lo que sea lo que su niño interior quiera decirle, lo conseguirá en cuanto establezca la conexión. Así que, si no ha sido capaz de entender su mensaje en los primeros minutos, sentarse durante una hora a intentar descifrar lo que su niño interior ha dicho no le ayudará. Es mejor que se ponga en contacto con él en otro momento. Si está tratando un asunto urgente, puede intentar contactar con su niño interior más tarde ese mismo día, y si su consulta puede esperar, hágalo al día siguiente. El cerebro humano simplemente no puede concentrarse en el mismo tema durante horas, porque los efectos de las hormonas beneficiosas producidas durante la meditación no duran tanto. Puede empezar con dos o tres minutos cada vez e ir aumentando lentamente la duración del ejercicio a medida que mejore su capacidad de concentración. Con la práctica, podrá establecer una línea de comunicación abierta con su niño interior y, con su ayuda, podrá sanarse desde dentro.

Si quiere mejorar su capacidad para comunicarse con su niño interior, debe empezar por elegir el momento del día adecuado. Debido a la naturaleza del ritmo circadiano humano y a la tendencia del cerebro a procesar estímulos y acontecimientos durante el sueño, el mejor momento para meditar es temprano, por la mañana. Siempre que haya tenido una noche de sueño reparador, meditar justo después de despertarse significa trabajar con una mente relajada y descansada. Esto le permite centrar sus pensamientos sin las distracciones del día. Evite desayunar antes de meditar, ya que la misma digestión puede ser una distracción.

A pesar de los beneficios matutinos, puede consultar a su niño interior en cualquier momento del día. Por ejemplo, puede que sea incapaz de dormir debido a ideas perturbadoras sobre un acontecimiento. En este caso, incluso concentrarse en pensamientos diferentes sobre el tema durante unos minutos a la hora de acostarse puede darle la claridad que necesita para una noche tranquila.

Capítulo 6: Diario del niño interior

En este capítulo se habla del diario, otra técnica para descubrir patrones de su vida actual que tienen su origen en el pasado. Puede retroceder en el tiempo y explorar el dolor de su niño interior a través de un diario. Esta práctica es valiosa cuando se enfrenta a traumas profundamente arraigados que no puede o no quiere reconocer a través de un método diferente. Antes de empezar a registrar sus emociones, pensamientos y recuerdos en un diario, debe comprender lo que implica llevar un diario y los retos y beneficios que conlleva. Además de proporcionarle conocimientos sobre el diario del niño interior, este capítulo ofrece una sencilla guía para llevar un diario y algunos consejos sobre cómo aprovecharlo al máximo.

Llevar un diario es una técnica eficaz de sanación
https://pixabay.com/es/photos/computadora-port%c3%a1til-libro-cuero-420011/

¿Qué es un diario del alma herida?

En el proceso de llevar un diario se exploran pensamientos y emociones y se escribe sobre ellos y sus efectos. Tenerlos registrados en papel hace que sea más fácil recordarlos. Una vez escritos, todo lo que debe hacer es leerlos para analizar o recordar su significado en cualquier momento que sienta la necesidad. Sobre el papel, incluso las experiencias más confusas adquieren una perspectiva más clara. La capacidad de descubrir la perspectiva adecuada hace que llevar un diario sea una estrategia de confrontación muy eficaz y una poderosa herramienta para sanar a su niño interior. Llevar un diario a través de su niño interior le ayuda a ver cada acontecimiento de la forma en que lo experimenta el niño que lleva dentro. Esto le permitirá comprender cómo estas experiencias afectan a su salud espiritual.

Hay muchas formas de llevar un diario del niño interior, pero las más eficaces están orientadas a descubrir recuerdos concretos. Consisten en visualizarse a uno mismo de niño a la edad en que se formaron recuerdos específicos. Si no está seguro de cuándo se crearon los recuerdos dolorosos, debe preguntárselo a su niño interior. Y cuando tenga la respuesta a esta pregunta, podrá pasar a la fase de exploración.

El impacto de escribir un diario en la sanación del niño interior

Si no está acostumbrado a expresar sus pensamientos verbalmente o por escrito, puede que llevar un diario le resulte difícil. Mucha gente piensa en el diario como en la mayoría de las tareas escolares o laborales: otra tarea que hay que cumplir durante el día. Puede que se pregunte de qué sirve recordar sus pensamientos y sentimientos negativos y ponerlos por escrito.

Otro reto al que se enfrenta en este mundo moderno es que escribir en papel parece una forma anticuada de comunicarse, aunque sea con el yo interior. Con toda la tecnología digital, hemos llegado a depender del video, la voz y otros medios de comunicación. Uno de los mayores atractivos de escribir un diario radica en su capacidad para eliminar todas las distracciones de la era digital y disipar el estrés que conllevan.

Escribir las posibles causas de los problemas es solo una parte del viaje del niño interior. La otra parte es aprender a agradecer todos los dones espirituales que se reciben en la vida. A medida que escriba sobre lo que su niño interior le revela en las visiones, descubrirá que todo sucede por una razón. Incluso sus experiencias negativas no son más que lecciones de las que puede aprender. Y al entender el significado de estas lecciones cruciales, verá todo lo que ha vivido desde una perspectiva diferente. El dolor de las experiencias negativas desaparece y es sustituido por esperanza, alegría y gratitud, para felicidad de su niño interior. Usted es el artífice de su propio bienestar; escribir un diario le ayudará a comprenderlo. Estos son algunos de los regalos más preciados que recibe cuando escribe un diario para su niño interior:

- **Reducción de los niveles de estrés:** Escribir sobre lo que le preocupa en su día a día conduce a una disminución a largo plazo de la producción de cortisol, la hormona que induce el estrés. También estimula la liberación de neurotransmisores con un efecto similar e interrumpe las señales de dolor. Esto se traduce en una disminución de la presión arterial y una mejora de las funciones hepáticas, disminuyendo el impacto del estrés en su salud física y mental.

- **Gestión saludable del estrés:** Incluso si inicialmente no puede identificar las fuentes o los desencadenantes de su ansiedad, a través del diario usted puede aprender a manejar su condición de una manera saludable. El simple hecho de expresar sus pensamientos sobre experiencias estresantes o traumáticas ayudará a no recurrir a distracciones poco saludables y comportamientos adictivos.

- **Mejora de la respuesta inmunitaria:** Cuando su cuerpo no tiene que combatir los efectos del estrés, puede concentrarse en proporcionar una protección suficiente contra los agentes patógenos. Llevar un diario con regularidad aumenta la producción de linfocitos T, las células responsables de los procesos implicados en una respuesta inmunitaria saludable. Sus heridas sanarán más rápido, se recuperará de los resfriados con mayor rapidez, será más productivo y tendrá una mejor perspectiva de la vida.

- **Apreciación de las distintas experiencias:** Al descubrir lo que le hace feliz, aprenderá a apreciar las cosas sencillas de la vida, ya que a menudo son las más importantes. Cuando vienen de la dirección correcta, incluso el más pequeño gesto o señal pueden conducir a un enorme impulso en la producción de serotonina.

- **Mejora del estado de ánimo:** La capacidad de expresar sus pensamientos, aunque sea sobre el papel, impulsa la producción de serotonina y endorfinas, sustancias químicas responsables de que se sienta bien con usted mismo y con sus capacidades. También favorece la producción de los neurotransmisores responsables de contrarrestar las señales que propagan respuestas negativas por su cuerpo y su mente.

- **Agudización de las habilidades cognitivas:** Es bien sabido que escribir y leer con regularidad favorece el mejoramiento de las habilidades cognitivas, como la capacidad de memorizar cosas y recordarlas después. Al producir neurotransmisores inhibidores y hormonas del bienestar, su cuerpo abre más espacio a todo lo necesario para mantener sus funciones cognitivas en plena forma.

- **Aumento de los niveles de confianza:** Cuando las limitaciones de la ansiedad y el estrés ya no le limitan, sus niveles de confianza se disparan, contribuyendo aún más a la producción de las hormonas beneficiosas que mantienen su salud física, mental y espiritual bajo control.

- **Mejora de las funciones emocionales:** Expresar sus emociones le ayuda a procesarlas, independientemente de su origen o el impacto que tengan en su vida. Llevar un diario le permite conectar con sus necesidades internas y saber qué emociones ha utilizado y cuáles debe descartar tras la fase inicial del proceso. Identificar y organizar los sentimientos negativos deja espacio suficiente para desarrollar los positivos, que conllevan beneficios a largo plazo para su salud y felicidad.

- **Fomento del autodescubrimiento:** A través de la escritura, descubrirá lo que le entristece y lo que le causa alegría, animándole a buscar experiencias diferentes y a aprender más sobre usted. Notará los sutiles cambios que provoca cada acontecimiento o emoción positiva. Esto también le ayudará a descubrir su propósito y cuál es el siguiente paso para alcanzarlo.

- **Mejora de las conexiones sociales:** Al desarrollar un mapa más realista de sus sentimientos, aprenderá a gestionar las emociones que expresa hacia los demás. También le enseñará a lidiar con las respuestas emocionales que recibe de su entorno, animándole a desarrollar relaciones interpersonales más fuertes.

Diario del niño interior

Aunque llevar un diario puede parecer mucho trabajo, no tiene por qué serlo. Siguiendo esta sencilla guía, podrá conocer a su niño interior y descubrir el dolor que esconde en un abrir y cerrar de ojos.

Esto es lo que debe hacer:

1. Empiece por buscar un espacio donde no le molesten durante al menos veinte minutos.
2. Prepare su diario y un bolígrafo y póngalos a su lado mientras se sienta cómodamente.
3. Relaje los hombros, cierre los ojos y visualice a su niño interior. Intente que la imagen sea lo más vívida posible, ya que esto le ayudará para el siguiente paso.
4. Exprese su intención mentalmente o en voz alta. Aquí puede preguntar a su niño interior acerca de las emociones o pensamientos que no entiende, o puede pedirle orientación para el desarrollo espiritual.
5. Libere su intención exhalando profundamente y esperando una respuesta.
6. Mantenga la mente abierta sobre lo que pueda recibir: es posible que las respuestas no lleguen de la forma que espera.
7. Escuche el mensaje de su niño interior y no olvide expresar su gratitud por la ayuda recibida.
8. Abra los ojos y escriba lo que ha aprendido inmediatamente después de recibirlo. Esto le ayudará a memorizar el consejo o las instrucciones. Al hacerlo, podrá cumplirlo lo más fielmente posible en el futuro.
9. Después de escribir su experiencia, respire profundo y vuelva a centrarse en el presente.

Por supuesto, seguir estos pasos solo será útil si tiene una intención clara y sabe qué preguntas debe hacer a su niño interior. He aquí algunos buenos ejemplos de cómo cumplir ambos requisitos:

- Piense en las actividades que le gustaban de niño y si dejó de hacerlas. En caso afirmativo, pregúntele a su niño interior por qué evita esa actividad en particular.
- Describa una situación en la que se sintió incómodo de niño y piense qué le diría a su antiguo yo al respecto.
- Asegúrese de preguntar por lo más difícil que pasó de niño y cómo puede liberarse del dolor que le causa este acontecimiento.
- Piense en un lugar que le hiciera sentir seguro de niño y pregúntese si sigue sintiendo lo mismo por él.
- Pregúntele a su niño interior por sus libros favoritos, su música, las películas que le gustan y los héroes que admira.
- Indague sobre la relación de su niño interior con amigos de la infancia y familiares para ver si alguno de ellos le hizo daño, provocando que usted callara sobre sus sentimientos.
- Pregunte si otra persona le hizo daño y si la perdona.
- Considere su visión actual de la vida y compárela con los recuerdos de su infancia. Preste atención a las diferencias en sueños y aspiraciones y qué causó los cambios.
- Pregunte a su niño interior si tiene miedo o ansiedad por algo y qué puede hacer para aliviar sus temores.
- Pregúntele al niño cómo tratarlo y dele el amor que necesita para que ambos puedan sanar.

Consejos adicionales para llevar un diario del niño interior

Puede escribir su diario en cualquier momento del día en que sienta la necesidad de hacerlo, pero para obtener mejores resultados, es recomendable hacerlo después de levantarse o justo antes de acostarse. Antes de irse a dormir, su mente suele enfrentarse a numerosas preguntas sin respuesta. Explorar y registrar sus inseguridades, miedos o recuerdos de viejos traumas antes de acostarse le ayudará a poner fin a todas esas preguntas sin respuesta. Esto le permitirá dormir mejor durante la noche y estar más sano y productivo durante el día. Si alguna de las preguntas aún no tiene respuesta, su mente puede resolverla por sí sola procesando la información que ha obtenido de su niño interior.

También puede escribirlo por la mañana si sigue teniendo pensamientos o emociones problemáticos al despertarse. Si es escéptico sobre los beneficios de llevar un diario del niño interior, realizar esta práctica al menos dos veces al día le ayudará a notar sus beneficios muy pronto. De hecho, ni siquiera tiene que esperar hasta la hora de acostarse o a la mañana para escribir en el diario. Puede hacerlo en cualquier momento en que sienta que necesita sacar algo, aunque no esté seguro de qué se trata. Tampoco tiene que llevar el diario con usted todo el tiempo. Basta con que lleve consigo un bolígrafo y un trozo de papel para realizar una anotación rápida de las respuestas que reciba. Puede copiarlo más tarde en su diario para releerlo detenidamente y entender su significado.

No tiene que ser un escritor profesional ni poseer habilidades de escritura creativa para empezar un diario. Las anotaciones no tienen por qué ser formales, solo deben ser relevantes para las preguntas que le haga a su niño interior. Esto significa que solo tiene que escribir lo primero que asocie en su cerebro. Evite buscar el significado de lo que experimenta durante el proceso de visualización. En su lugar, documente lo primero que le venga a la mente, de la forma más honesta y concreta posible. Si le resulta más fácil registrar el mensaje o partes de él en imágenes, no dude en dibujarlo, partiendo de su niño interior. Preste atención a su aspecto, comportamiento y entorno físico.

Crear una imagen vívida de su niño interior ayuda a concentrar su intención en él, así que dibujar a su niño interior en su diario junto a algunas entradas cruciales es una buena idea. Al inmortalizar al niño en su diario, está creando una prueba tangible de su conexión eterna. Mirar esa imagen le permitirá formar un vínculo más profundo, descifrar sus mensajes y prepararse para otros en el futuro. Dibuje al niño interior con colores para evitar que su visión clara de él se desvanezca. Asegúrese de añadir cualquier detalle que destaque, como un objeto que sostenga o incluso una referencia al lugar o elemento que se muestra en su mensaje. Esto es recomendable para los principiantes que tienen dificultades para descifrar el significado de los mensajes espirituales solo escribiéndolos en un diario. No necesariamente tiene que hacer un dibujo cuando se comunique con su niño interior. Sin embargo, hacerlo tan a menudo como pueda le ayudará a comprender sus objetivos y hacerlo (y hacerse) más feliz.

El diario puede combinarse con otras técnicas, como la meditación, la atención plena, la conciencia espiritual y las técnicas de afirmación. Incorporar afirmaciones positivas a su diario le animará a dar a su niño interior todo el amor que se merece. Justo después de expresar su gratitud por la respuesta o la orientación que ha recibido, puede decir algo como esto:

«Ahora, libero la negatividad de mi cuerpo, mente y alma.

Estoy feliz de dejar ir todas estas cosas y seguir adelante.

Las heridas de mi alma solo me animarán a convertirme en la mejor versión de mí mismo.

Me creo capaz de todo lo que me propongo, incluso de liberarme de situaciones malsanas y de personas que no lo merecen.

Me libero de todas estas cosas porque merezco ser feliz».

Al principio, un diario debería bastar para sus pensamientos. Sin embargo, después de realizar la práctica durante un tiempo, quizá quiera pensar en llevar dos diarios distintos. En uno, puede anotar todas sus emociones negativas y pensamientos problemáticos. El otro debería ser el lugar para expresar gratitud por todo lo positivo que experimente. Al principio, debería empezar sus anotaciones con los aspectos negativos y terminarlas con los positivos en el mismo diario. Imagine su vida como un viaje con obstáculos y recompensas que encuentra por una razón concreta. Tanto si le perjudican como si le hacen sentir mejor, acéptelos y siga adelante. Sean cuales sean los dones materiales y espirituales que reciba, agradézcalos. Recuerde que no todo el mundo tiene la suerte de tener tantas cosas. Al fin y al cabo, sanar a su niño interior herido es aceptarse a usted mismo por lo que es, por lo que tiene y por lo que puede hacer con sus dones espirituales.

Después de un tiempo, la relación con su niño interior mejorará y aprenderá a descifrar sus mensajes inmediatamente. No necesitará leer las experiencias que escribió un par de veces para entenderlas, como probablemente tenga que hacer cuando empiece su diario. No solo eso, sino que, con la suficiente práctica, después de escribir todas las cosas negativas, podrá pasar a la segunda parte: expresar su gratitud por todo lo que ha experimentado (bueno o malo) al visualizar a su niño interior.

Capítulo 7: Conciencia del niño interior

¿Cree que es consciente de usted mismo? La mayoría de la gente responde «sí» porque no está realmente familiarizada con el concepto de autoconciencia. Sin embargo, experimentar la verdadera autoconciencia es poco frecuente; solo unas pocas personas saben quiénes son y rara vez están en sintonía con las diferentes partes de su personalidad. Su alma herida es una parte de su verdadero yo, así que cuando toma conciencia de usted mismo, también alcanza la conciencia del niño interior.

Ser consciente es estar presente en el aquí y el ahora, sin preocupaciones por el pasado ni por el futuro. La mayoría nunca está realmente «presente» o viviendo el momento; las mentes siempre están divagando en otra parte. Este es el resultado de llevar una vida acelerada y de pensar siempre en lo que viene a continuación. ¿Cuándo fue la última vez que estuvo realmente concentrado en lo que hacía? ¿Recuerda la última vez que tomó café y fue plenamente consciente del sabor y el olor? Cuando sale a pasear, ¿es consciente del movimiento de sus piernas y de los latidos de su corazón? ¿O solo piensa en el destino?

Su niño interior vive en su inconsciente, donde se almacenan todos sus traumas y experiencias pasadas. Rara vez se le presta atención, aunque puede ayudar a que aprenda mucho sobre sí mismo. A través de la conciencia, se pueden reconocer emociones negativas como la ansiedad o la ira y acceder a la mente subconsciente para encontrar sus orígenes. Esto ayuda a gestionar estas emociones en lugar de reprimirlas o dejar que tomen el poder. Si no es consciente y no está concentrado en su interior y en el mundo que le rodea, no podrá prestar atención a su niño interior y sanar su dolor.

La conciencia del niño interior es ser capaz de enfocar hacia dentro sus emociones, pensamientos y acciones y saber cómo se relacionan con su alma herida. Suele plantear la pregunta: «¿Mis acciones y pensamientos se alinean con lo que siento de verdad?». Esto puede llevarle a determinar si lo que está sintiendo es el resultado de su niño interior tomando el control o no. Algunas personas son conscientes de sí mismas por naturaleza y están en sintonía con su yo interior y su niño interior. Pueden evaluar fácilmente sus emociones y comprender sus desencadenantes, lo que les ayuda a gestionar sus reacciones y a tener el control.

Ser consciente de su niño interior le ayudará a percibir objetivamente sus emociones. En pocas palabras, no se enfadará con su niño interior ni se sentirá culpable o avergonzado por él. Será objetivo y comprensivo con el dolor de su alma herida. Incluso después de descubrir a su niño interior, puede que no sea realmente consciente de él en todo momento. Puede que no siempre se dé cuenta de que su niño interior está detrás de ciertas acciones, especialmente en el calor del momento. Sin embargo, cuando practica la conciencia del niño interior, sabe internamente de dónde proceden esos sentimientos.

La conciencia del niño interior desempeña un papel muy importante en la sanación, ya que le permite revisar constantemente su alma herida durante el día para ver si está feliz, triste o excitada por algo. También será consciente de los puntos fuertes y débiles de su niño herido y de cómo sus acciones afectan también a otras personas cercanas a su vida. Esta conciencia le motivará a aprovechar sus puntos fuertes para crecer y trabajar en sus puntos débiles para sanar.

Naturalmente, sentirá curiosidad por sus reacciones y sus orígenes después de conectar con su niño interior. Por ejemplo, si siempre se pone tenso o se siente ansioso cerca de un hermano o un familiar, es posible que estos sentimientos le resulten confusos y querrá explorarlos para llegar a sus raíces. La conciencia del niño interior le ayudará a acceder a sus recuerdos y a darse cuenta de que ese familiar puede haberle acosado o menospreciado cuando era niño, razón por la cual se siente nervioso cada vez que está cerca de él. Dicho esto, ser consciente de su niño interior también puede ayudarle a experimentar sentimientos infantiles más positivos, como la alegría o la despreocupación.

Cuando se toma conciencia del niño interior, se pueden experimentar sentimientos de culpa por haber descuidado durante tanto tiempo esta parte herida de sí mismo. Sin embargo, también se empezará a simpatizar con ella y a tratarla con más amor y compasión.

Para ser siempre consciente y estar centrado, debe practicar la conciencia en todos los aspectos de su vida, como caminar, sentarse, comer, respirar, etc. Una vez que sea consciente del mundo que le rodea y del mundo que hay dentro de usted, le resultará más fácil prestar atención y mantenerse concentrado en su niño interior.

Se ha mencionado en capítulos anteriores que nuestro niño interior quiere atención y siempre está intentando comunicar sus necesidades. ¿lo está escuchando? ¿Comprende que le está pidiendo ayuda? La conciencia del niño interior abrirá sus sentidos para que pueda escuchar a su alma herida cuando sufre y necesita atención. Puede abrazarla y hacerle saber que no la ignorará más. Puede hacerlo escribiendo, hablándole o incluso llorando si le hace bien.

El impacto positivo de la conciencia del niño interior

Según la psicóloga investigadora y escritora Diana Raab, la conciencia del niño interior ayuda a recordar tiempos más sencillos y la alegría e inocencia de la infancia. Si aprovecha estas emociones, podrá afrontar muchos de los retos que se le presenten como adulto.

Descubrir al niño interior no es fácil para algunas personas. Darse cuenta de que una parte de uno mismo está herida puede ser duro, así que, en lugar de trabajar para sanarse, optan por reprimir sus sentimientos e ignorar por completo a su niño interior. Con la conciencia, podrá reconocer esta parte de usted mismo en lugar de luchar contra ella. También puede utilizar la conciencia para abrazar a su niño interior y darle la validación que siempre ha deseado. Además, la toma de conciencia requiere estar concentrado y presente, lo que le permite reconocer el origen de su dolor y dar los pasos adecuados hacia su sanación.

En pocas palabras, la conciencia del niño interior le ayuda a reconocerlo, abrazarlo y sanarlo. Si se centra en sus actividades diarias, le resultará más fácil mirar hacia dentro y conocer mejor a su niño interior.

Practicar la consciencia siempre ha sido muy importante para ayudar a las personas a sanar sus traumas. Puede estar enfadado, triste o dolido, pero no es consciente de ello porque no presta atención a sus sentimientos o pensamientos. A medida que sea más consciente de su interior, estará mejor preparado para trabajar en su sanación. De hecho, diversos estudios científicos han demostrado los beneficios de la conciencia en la salud mental y en la mejora del bienestar.

Su niño interior herido puede estar sufriendo diversos problemas de salud mental como depresión, ansiedad, estrés o traumas. Practicar la consciencia mejora su salud mental para que su niño interior pueda sanar sus experiencias pasadas y traumas.

Reduce la ansiedad y el estrés

¿Sufre de ansiedad cada vez que tiene que hablar en público, asistir a reuniones familiares o defenderse? Esto puede ser el resultado de una experiencia traumática en su infancia. Cuando es consciente de que está ansioso y estresado, puede trabajar conscientemente su ansiedad o reducir sus niveles de estrés. Puede conseguirlo respondiendo de forma diferente cuando esté estresado o trabajando para mantener el control de sus emociones en lugar de dejar que le controlen.

Empatiza con su niño interior

La conciencia del niño interior le permite estar en sintonía con lo que su alma herida está sintiendo, especialmente cuando está sufriendo y pidiendo ayuda. Esta parte vulnerable de usted mismo quiere que sus sentimientos sean validados. Al ser consciente de su dolor, mostrará empatía hacia esa parte rota que lleva dentro. Una vez que se vuelva empático, será más comprensivo con las necesidades de su niño interior para trabajar en satisfacerlas y así sanar.

Ayuda a tomar mejores decisiones

En capítulos anteriores se habló de cómo su niño interior afecta a sus decisiones. A medida que sea más consciente de su alma herida, comprenderá mejor de dónde provienen sus decisiones. Sabrá si una decisión proviene del miedo de su niño interior o de su yo adulto. Darse cuenta de que su trauma es la fuente de algunas de sus decisiones imprudentes le ayudará a tomar mejores decisiones con la mente clara y sin dejarse controlar por su dolor.

Autocontrol

Su niño interior está impulsado por el dolor y la ira. Al igual que un niño, no tiene control sobre sus emociones y hace berrinches cada vez que puede. La conciencia del niño interior le ayudará a saber cuándo sus pensamientos, sentimientos y reacciones son irracionales. Por lo tanto, en lugar de reaccionar o perder los estribos, tomará el control de sus emociones y responderá de forma racional y calmada.

Cambiar los malos hábitos

Como resultado de su trauma, su alma herida ha adquirido malos hábitos como la autocrítica, el menosprecio a usted mismo y la incapacidad de decir no. Ser consciente de su niño interior le ayudará a darse cuenta de estos hábitos para cambiar sus patrones de pensamiento y, por tanto, de comportamiento. Por ejemplo, si un amigo le pide que le recoja en el aeropuerto, pero usted tiene una entrevista de trabajo, su niño trabajará para que le diga que sí, porque le gusta complacer a la gente. Sin embargo, si practica la conciencia del niño interior, se dará cuenta de que no tiene que decir que sí a todo, sobre todo cuando le incomoda. Será consciente de que su niño interior tiene miedo de enfrentarse a sí mismo y decir que no. Por lo tanto, establecerá límites saludables y aprenderá cuándo decir sí y cuándo decir no sin sentirse culpable.

Cambia su perspectiva y sus patrones de pensamiento

Su niño interior sigue atrapado en el pasado con la misma personalidad infantil, mirando el mundo desde la perspectiva de un niño asustado y vulnerable. Como sus pensamientos no han evolucionado ni cambiado desde que era niño, puede que no sea consciente de que hay algo que no funciona en su forma de pensar o de ver el mundo. Después de descubrir a su niño interior y aceptarlo, puede practicar la conciencia del niño interior, aprovechar su patrón de pensamiento y aprender más sobre usted mismo y sobre el dolor de su niño interior. Cada vez que tenga un pensamiento negativo, en lugar de rendirse ante él, tome el control e intente averiguar qué ha provocado esos pensamientos. ¿Son el resultado de preocupaciones poco realistas? ¿Son fruto de dolores y traumas? Una vez que tome el control y cambie sus patrones de pensamiento, podrá sustituir los pensamientos negativos por otros más racionales y positivos.

Guía para tomar conciencia del niño interior

Practicar la autoconciencia no solo es eficaz, sino que también es muy fácil y una gran herramienta que puede implementar en su vida para sanar a su niño interior. En la siguiente parte del capítulo, se proporcionan ejercicios sencillos que puede practicar todos los días en diversas situaciones, para que siempre sea consciente de su niño interior.

Pregúntese por qué

Antes de tomar cualquier decisión, pregúntese: «¿Por qué estoy tomando esta decisión?» y escriba su respuesta. Dese un momento, hágase la misma pregunta una segunda y una tercera vez y escriba sus respuestas. Eche un vistazo a las respuestas: ¿son racionales? ¿Son buenas razones? ¿Son fruto del miedo? sus respuestas le aclararán si está tomando la decisión correcta o si está influenciado por el miedo de su niño interior.

Cuando sus decisiones se basan en hechos, se siente seguro de usted mismo y toma mejores decisiones en la vida. Cuanto más practique esta técnica, más natural será para usted y se preguntará siempre tres veces por qué. Así evitará que su niño interior se apodere de usted cada vez que vaya a tomar una decisión importante.

Diga no a su niño interior

Su niño interior debe ser tratado con amor y compasión, pero al igual que un niño de verdad, no pueden complacerse todas sus necesidades. Cuando es consciente de su niño interior, puede distinguir entre las autoexigencias de un adulto y las demandas de su alma herida. Cuando tiene pensamientos malsanos o irracionales, puede tratarse de su niño interior pidiendo algo. Solo debe satisfacer sus necesidades sanas. Por ejemplo, si quiere que recurra a la comida para satisfacer sus necesidades emocionales, que haga una pataleta cuando su pareja cancela una cita o que gaste dinero sin preocuparse por el futuro, debe actuar como un padre estricto y decir «no».

La conciencia del niño interior le ayuda a ver la diferencia entre las necesidades de un niño y las de una persona madura. Aprenderá a reprogramar su cerebro y a volver a criar a su niño interior diciendo no a las tentaciones y sustituyendo los pensamientos y necesidades malos o insanos por otros más provechosos.

Piense antes de actuar

Probablemente le habrán dicho que piense antes de actuar. Para muchas personas es más fácil decirlo que hacerlo. Sin embargo, puede lograrse con la práctica. Al igual que los tres «porqués» que se han mencionado antes para pensar antes de tomar una decisión, también debe hacer una pausa y reflexionar antes de actuar. Siempre que se enfrenta a una situación difícil o profunda emocionalmente, el niño interior toma el control y dice cosas que no debería.

Por tanto, evalúe la situación y piense objetivamente siempre que se sienta provocado o frustrado. Para ello, respire antes de reaccionar y dese tiempo para pensar con claridad y evaluar la situación.

Tenga cuidado con los pensamientos negativos

Los pensamientos negativos son el resultado de los miedos y ansiedades. No son racionales, útiles ni están basados en la realidad. Siempre debe ser consciente de estos pensamientos para determinar su origen. Por ejemplo, si no le aceptan en un trabajo, puede pensar que es un fracasado en lugar de pensar, de forma más lógica, que simplemente se hayan decantado por alguien con más experiencia. Estos pensamientos provienen de su vulnerable niño interior, porque alguna vez un padre o un profesor le hizo sentir que no era lo bastante bueno. Incluso cuando consigue algo, lo atribuye a la suerte en lugar de celebrar sus éxitos.

Preste atención a sus pensamientos y trabaje para cambiar sus patrones de pensamiento. Cada vez que consiga algo, celébrelo, aunque no le apetezca; esto reprogramará su cerebro para que celebrar sus éxitos sea algo natural para usted. También debe perdonarse y practicar la autocompasión cada vez que cometa un error, en lugar de criticarse o ser duro con usted mismo. Ser consciente de su niño interior herido y de sus pensamientos es la única forma de darse cuenta de su negatividad y sustituirlos por una actitud positiva.

Identifique sus desencadenantes

Siempre hay una razón para sentirse ansioso, enfadado o frustrado en determinadas situaciones. En la mayoría de los casos, algo desencadena a su niño interior, que se manifiesta en estos sentimientos. Por ejemplo, se siente ansioso antes de cada reunión de trabajo, pero no presta atención a la razón por la que se siente así, nunca se lo cuestiona. Practicando la conciencia del niño interior, puede darse cuenta de qué desencadena esos sentimientos de ansiedad. Puede que la sola idea de tener que hablar en una reunión le haya provocado ansiedad. Le recuerda todas las veces que hablaba en reuniones familiares y le hacían bromas o desestimaban sus opiniones. Al identificar sus desencadenantes, su yo adulto puede tomar las riendas, pensando con lógica y sin dejar que su niño interior utilice el miedo para frenarlo.

Un desencadenante también puede ser una persona o un lugar. Sea consciente de sus emociones negativas y de cómo responde a su entorno. Cada vez que experimente un sentimiento negativo, pregúntese: ¿Por qué me sentí enfadado, celoso, frustrado, triste, etc. al hablar con esta persona? ¿Dijo algo que me hizo sentir así? ¿Cómo reaccioné? ¿Había sentido estas emociones antes? Las respuestas le ayudarán a comprender si el desencadenante fue la persona, el tono de su voz o algo que dijo. Puede comparar esta situación con algo que vivió en su infancia para entender por qué se siente así ahora. Si es una persona o un lugar lo que le desencadena, puede evitarlos, en lo posible.

Medite

Se sabe que la meditación ayuda a despejar la mente, mantener la concentración y estar presente en el aquí y ahora. Encontrará muchas técnicas de meditación que requieren que se concentre en su respiración. Aunque no tenga demasiado tiempo para meditar, puede tomarse un par de minutos en cualquier momento del día para concentrarse en su respiración. Puede practicar la meditación concentrándose en su respiración cuando se despierta, antes de irse a dormir o en el auto antes de conducir hacia el trabajo. Cuando se concentre en su respiración, empezará a ser más consciente de lo que le rodea y de todo lo que hace. Este libro le ofrece algunas técnicas de meditación, pero también puede encontrar varios métodos en línea o descargar aplicaciones de meditación.

Evalúese a usted mismo

Examínese de vez en cuando para ver si su conciencia de niño interior está mejorando o no. También puede anotar todas las veces que esta conciencia ha ayudado a su niño interior para su sanación. ¿Es más consciente o sigue teniendo problemas? Puede hablar con un terapeuta si tiene dificultades con la conciencia del niño interior.

La conciencia del niño interior es un método fácil y eficaz para sanar su alma herida. Al centrarse en el momento presente, en su entorno y en su niño interior, podrá evaluar las emociones y reacciones de su alma herida. En pocas palabras, su niño interior estará siempre en su mente, por lo que podrá aprovechar fácilmente sus sentimientos en lugar de dejar que se apodere de usted. Será usted quien tenga el control.

Capítulo 8: Los retos de sanar a su niño interior

¿Alguna vez se ha tomado el tiempo de escuchar las vocecitas aleatorias de su cabeza? Ya sabe, esas voces que suenan como la versión más joven de usted. En eso consiste la sanación del niño interior. Como sabe, no importa la edad que tenga ni adónde le lleve la vida. Su niño interior siempre estará ahí para acompañarle en el viaje de la vida. Sin embargo, su niño interior aparecerá más cuando esté herido o decepcionado. Resurgirá cuando un amigo no atienda su llamada. Su yo adolescente puede hablar más alto si usted y su amigo discuten. Tomar nota de cuándo se hace oír su niño interior y reconocer lo que dice es uno de los pasos más importantes del trabajo con el niño interior.

El trabajo con el niño interior, o su sanación, es uno de los métodos más populares para abordar los sentimientos de rechazo y lo que cree que faltó durante su infancia. Es una forma de aceptar las necesidades que su niño interior nunca satisfizo y de superar las heridas de apego con las que creció. Independientemente de cómo fue su infancia, lo más probable es que haya una parte más joven de usted que sienta que nadie la quiso lo suficiente o de la forma adecuada.

La sanación del niño interior es similar a cualquier tipo de sanación interior. Por un lado, requiere que le dé a su subconsciente el espacio para guiar el proceso. Debe profundizar en su ser y explorar sus emociones. El trabajo interior le insta a impulsar las partes de usted que otros le han obligado a ocultar. Al crecer, puede que sintiera la necesidad de reprimir ciertas facetas de usted mismo a causa de los comentarios críticos de los demás. Si se permite explorarse desde dentro, empezará a desmantelar sus mecanismos cotidianos de defensa, como la evasión, el aislamiento o el adormecimiento de las emociones. Solo entonces podrá aceptar, reconocer e incorporar a su conciencia el funcionamiento de su subconsciente.

La sanación del niño interior se utiliza habitualmente en varios tipos de terapia, como la terapia del trauma, la psicoterapia sensoriomotriz, la terapia narrativa y la terapia artística. Lo mejor de este enfoque de sanación es que le anima a hablar con su niño interior en el lenguaje que él habla. Esto significa que tendrá que encarnar sus emociones y dejarse guiar a través de conversaciones reflexivas en lugar de expresarse mediante palabras y pensamientos.

Todos atravesamos el mundo con nuestras heridas de la infancia. Incluso el más simple de los traumas puede afectar de manera significativa. Todo, desde el abandono o el rechazo emocional hasta el maltrato físico, deja huella. Siempre se dice que debemos superarlo o nos han hecho creer que es «normal». Por eso la mayoría nunca habla de sus experiencias pasadas. Se deja solas a las personas con su dolor y sus emociones porque «eso es lo que se supone que deben hacer los adultos».

El trabajo con el niño interior es vital, porque recuerda que los sentimientos son válidos. Da la seguridad de que la memoria y los sentimientos no están equivocados. Permite soltar la vergüenza y reconocerla abiertamente. Al sanar a su niño interior, está sanando a ese niño pequeño que se sentía abandonado y al adolescente que lloraba todas las noches porque nadie le entendía. Al sanar a su niño interior, cultiva la seguridad, la protección y el cuidado que su niño pequeño siempre ha anhelado. Al hacerlo, alivia parte de la negatividad que su yo más joven ha experimentado, dejando espacio para que surjan experiencias positivas. Acepte sus dones naturales e innatos, su curiosidad infantil y su infinita compasión.

En cambio, si evita reconocer sus traumas pasados, se sentirá estancado y aislado. Reprimirlos solo los empeora, porque buscan otras formas dañinas de salir a la luz. Aparecen problemas de salud mental y mecanismos autodestructivos, como el alcoholismo, el abuso de sustancias, la adicción al trabajo o incluso el acoso y el racismo. Los problemas del niño interior suelen ser generacionales. Por eso no solo se sana a usted mismo haciendo este trabajo. Está enseñando a otras generaciones a hacer las paces con lo que son en esencia.

En este capítulo, se exploran los desafíos que conlleva el proceso de sanación del niño interior. Sabrá qué esperar y accederá a algunos consejos sobre cómo superarlos. Luego, encontrará una guía de múltiples pasos para sortear los desafíos del trabajo con el niño interior.

Los desafíos del trabajo con el niño interior

Sanar a su niño interior no es una tarea fácil. El proceso es largo y desafiante. El problema principal radica en que las personas que se han hecho daño no se ayudan a sanar. Como adulto, probablemente se dé cuenta de que debe llevar a cabo este proceso de forma independiente. La sanación empieza desde dentro y usted es el único que puede ayudarse a superar esas dificultades. Sin embargo, su subconsciente o niño interior no entiende esto. De niño, confiaba ciegamente en quienes le rodeaban, sobre todo en su familia y en los que más quería. Los admiraba y buscaba su guía. Por eso el niño que hay en usted espera que la solución venga *de ellos*. Al fin y al cabo, probablemente sus padres le ayudaron a solucionar los problemas en los que se metía.

Debe ayudar al niño que hay en usted a darse cuenta de que deben trabajar juntos para sanar sus heridas. Su subconsciente debe estar tranquilo con el hecho de que nadie venga a disculparse y a ayudarle a recoger los pedazos rotos. La mayoría de los adultos nunca admiten las heridas de su infancia. Es probable que sus padres nunca reconozcan que le hicieron daño o que no tuvieron siendo padres. Afortunadamente, hay muchas maneras de seguir adelante con la pesada responsabilidad de sanar al niño que lleva dentro. Pero primero, veamos algunos retos a los que puede enfrentarse a lo largo de este camino:

1. Falta de confianza

Su niño interior ha sido defraudado demasiadas veces. Confiaba de forma incuestionable en las personas que luego le traicionaron. Por eso su niño interior no se acercará a usted fácilmente. Sí, aunque usted sea su versión mayor. Solemos ser nuestro enemigo más fuerte y poderoso. Nos criticamos, avergonzamos y herimos constantemente. Seguro que en algún momento de su vida ha invalidado sus propias emociones o se ha avergonzado por sentirse como se siente. La única forma de conseguir que su niño salga del escondite es demostrándole que es su aliado y amigo. Debe apoyarle y no criticarle. Y lo que es más importante, debe reconocer y validar sus sentimientos y todo lo que le ha pasado, por mucho que la sociedad lo normalice. Reconocer la negligencia, el abuso, el abandono y la soledad de su yo más joven es esencial para la sanación.

En otras palabras, sea el adulto que su yo más joven necesita. Se suponía que le iban a cuidar mientras crecía. En lugar de eso, terminó herido. Es fácil sentir que el daño es irreparable, sobre todo cuando no sabe por dónde empezar. El viaje es largo y tiene que abordar muchos aspectos de su yo actual y pasado. Por otro lado, ahora es un adulto. Debe confiar en su capacidad de cuidar de usted mismo y ofrecer a su niño interior el tipo de cuidado que se merece. Piense en lo que salió mal y en las cosas que le hicieron daño de niño y cómo podrían haber sido mejores. Por ejemplo, si sus padres solían maltratarle verbalmente, su niño interior necesita que le respete, le anime y le apoye. Así es como tiene que acercarse a su yo más joven. Retírese a un lugar tranquilo y mantenga una conversación con su niño interior en voz alta. Dígale todo lo que quiera. Exprese su amor por él y dígale que está orgulloso

2. Necesidad de validación

A veces es difícil separar sus propios pensamientos y sentimientos de los de quienes le rodean. Somos automáticamente influenciados por las mentalidades y creencias de nuestra comunidad. Adoptamos muchas ideas como propias, aunque no estemos totalmente de acuerdo con ellas. Por eso es posible que trivialice o incluso justifique las heridas. Se esforzará por encontrar una razón por la que le avergonzaron, abandonaron u obligaron a crecer antes de tiempo. Puede que incluso se diga a usted mismo que sus experiencias no fueron tan malas. Por eso debe dar un paso atrás y preguntarse si esas afirmaciones proceden de su auténtico yo o del mundo que le rodea. Porque si fueran suyas, no estaría leyendo este libro y averiguando cómo sanar a su niño interior. Si esas acciones hirientes fueran justificables, o si lo que experimentó no fuera «tan malo», entonces no se sentiría herido. Reconozca que lo que ha vivido le ha herido. Si le hace sentir mejor, sus padres no le criaron como debían, no porque sean malas personas, sino porque ellos también tienen niños interiores heridos.

Haga que su niño interior se sienta visto y escuche sus dificultades. Saber que le quieren y sentir el amor no es lo mismo. Su yo más joven necesita sentir el amor. Necesita saber que usted ve quién es realmente y entender que se preocupa por él. De usted depende hacerlo.

Afortunadamente, hay muchas formas en las que puede compensarlo ahora que ya no es un niño. Piense en cómo reacciona su niño interior ante los retos, los miedos, las cosas que le hacen feliz, etc. Esté atento a ellas.

3. Las etapas del duelo

El shock y la ira son las primeras etapas del duelo, lo cual, aunque no lo crea, es señal de que va en la dirección correcta. La ira y la conmoción son sentimientos muy normales, incluso si entiende que lo que ha vivido en su infancia no fue intencionado. La ira es un elemento habitual en el proceso de sanación del niño interior herido. No hace falta que rompa cosas ni que grite a pleno pulmón (aunque si lo necesita, tampoco está mal), pero tiene derecho a estar muy enfadado.

Si lo piensa bien, probablemente sus padres hicieron el mejor trabajo que pudieron siendo dos adultos con un niño interior herido. Pero esto no significa que esté menos herido emocional y espiritualmente por cómo fueron las cosas. Precisamente por eso tiene que darse cuenta de que depende de usted empezar con una generación de niños heridos que no se hagan daño a sí mismos ni a quienes les rodean.

Defienda a su versión más joven cada vez que alguien la ofenda o menosprecie de alguna manera. Ahora bien, no es posible viajar atrás en el tiempo (aunque eso aceleraría el proceso de sanación o incluso evitaría el daño), pero puede defenderse ahora, especialmente cuando alguien le menosprecia de una forma a la que su niño interior conoce. Por ejemplo, si le decían con frecuencia lo dramático que era, podrá defenderse si alguien le dice eso ahora. Deje claros sus límites y explique que es algo que no le gusta oír. Haga que su niño interior se sienta orgulloso por saber que ya no tolera ninguna falta de respeto.

4. Olas de tristeza

Inevitablemente, experimentará profundas oleadas de ira y tristeza después de sentirse enfadado. Es probable que le duela pensar en cómo habría podido ser la vida si no estuviera todavía lidiando con las consecuencias de heridas pasadas. Sentirá lástima por sus sueños, ambiciones y aspiraciones de la infancia. Está bien lamentar sanamente la falta de realización de lo que no se ha desarrollado.

Ayuda a implicar a su niño interior en su viaje. Al fin y al cabo, necesita su colaboración para lograr la sanación. A estas alturas, ya debería ser capaz de saber qué hace feliz a su niño interior. No necesita saberlo todo sobre su niño interior. Este viaje es una experiencia de aprendizaje. Esto significa que cada día descubrirá algo nuevo sobre su yo más joven. Utilice sus conocimientos para hacer las cosas que le gustan a su niño interior tan a menudo como pueda. Es fácil ignorar a su niño interior cuando intenta convertirse en el adulto que «debería ser». Sin embargo, esto empeora la situación. Cuanto más se reprimen los deseos del niño interior, más fuertes se vuelven. Al final, no será capaz de apartarlos, ya que le harán sentir irritado, implacable y desesperanzado. Si se mantiene así por mucho tiempo, puede que incluso acabe experimentando una crisis de identidad. Esta es una señal de que necesita alinear su comportamiento con sus necesidades.

5. Remordimientos

El remordimiento es una emoción muy fuerte que aparece cuando se ha perdido algo. A menudo se experimenta tras la pérdida de un ser querido. También es relevante en este caso porque su niño interior puede preguntarse si podría haber hecho algo diferente. Debe ayudar a su subconsciente a entender que no hay nada que su yo más joven pudiera haber hecho para cambiar las cosas. Hágale saber a su niño interior que su dolor debe ser por él mismo y no por lo que podría haber sido. Nunca fue responsable de lo que le pasó. No podría haber sido mejor hijo para sus padres. Era su trabajo darle a su niño interior una crianza sana, y es su trabajo, como adulto, dejar que su niño interior lo sepa.

6. Soledad

Quizás los sentimientos más fuertes que experimentará a lo largo de este viaje sean la vergüenza y la soledad. Que sus padres le abandonaran o abusaran de usted le resulta vergonzoso. Se siente mal con usted mismo y probablemente crea que hay algo mal en usted, porque así es como le trataron. Esta vergüenza acaba provocando soledad. Su niño interior se siente como si fuera un extraterrestre. Se siente contaminado, por lo que oculta su auténtico yo al mundo, poniéndose una máscara. Su niño interior vive el resto de su vida como un impostor, lo que le hace sentirse solo e incomprendido.

Este es el último y más largo paso del proceso de sanación. Es el más difícil de soportar. Sin embargo, hay una salida: ir a terapia. Es necesario acudir a un profesional para afrontar de forma sana la vergüenza y la soledad. Es difícil reconocer estos sentimientos por sí mismo. Pero el reconocimiento y la aceptación son necesarios si quiere superar los obstáculos. Es la única forma de reconectar con su verdadero yo, perdido hace tiempo.

Sortear los desafíos de la sanación del niño interior

La siguiente es una guía de múltiples pasos que puede seguir para sortear los desafíos del trabajo con el niño interior:

1. Reconozca a su niño interior

Si quiere empezar a sanar, debe reconocer que su niño interior está ahí y está sufriendo. Esté abierto a la idea de explorar el pasado, para no complicar aún más el proceso de sanación. Puede que al principio le cueste acercarse a su yo más joven. Por eso es útil comenzar explorando las experiencias más significativas de su infancia. Acepte que sucedieron, profundice en cómo se sintió y luego hable con su niño interior como si fuera una persona real y diferente de usted.

2. Sea un oyente activo

Escuche los sentimientos que surjan durante la conversación. Preste atención a emociones como la ira, la soledad, la inseguridad, la vergüenza, la ansiedad y la culpa e interprete lo que intentan decirle. Intente recordar algunos acontecimientos o incluso personas de su vida que le generaran esos sentimientos. Piense en las situaciones que desencadenan emociones similares en su yo adulto. ¿Percibe algún patrón?

3. Escriba un diario o una carta

Ahora que ha crecido, probablemente tenga una perspectiva diferente a la que tenía entonces, sobre todo en lo que se refiere a los acontecimientos o situaciones que le hirieron. Escribirlos puede ayudarle a abordar las cosas que su niño interior no comprende completamente. Digamos que siempre temió a su hermano porque era un niño con mucha ira. Si ahora sabe que él fue objeto de acoso durante años, su niño interior puede comprender que la ira de su hermano no era contra el niño que hay en usted. Pregúntele a su niño interior por sus sentimientos y cómo le gustaría que le ayudara.

4. Medite

Ahora que le ha hecho algunas preguntas a su niño interior, es el momento de meditar. Esto le ayudará a sacar a la luz las respuestas. La meditación aumenta el autoconocimiento de una persona al enseñarle a dirigir su atención a las emociones que surgen durante el día. La meditación se basa en la atención plena, que facilita la detección de los acontecimientos que desencadenan acciones no deseadas.

Amar a su niño interior no es algo que sucede de la noche a la mañana, ni tampoco la sanación de sus heridas. Puede que ahora no se dé cuenta; sin embargo, una vez que se embarque en el viaje de la sanación, entenderá que el trabajo con el niño interior consiste en amar a la versión más joven de usted mismo. No importa lo raro, tímido, difícil, molesto, ruidoso o extraño que pensara (o se dijera) que era. Merecía amor por ser lo que era. No necesita una máquina del tiempo para volver y hacerle saber a su niño interior que el mundo vale la pena.

Capítulo 9: Beneficios de sanar a su niño interior

Conectar con su niño interior es maravilloso. Puede parecer una exageración; sin embargo, puede transformar su vida sanando a ese niño pequeño que lleva dentro. Nunca se dará cuenta plenamente de cuán herido estaba su niño interior hasta que se sane por completo. Mirará atrás y se preguntará cómo podía vivir con tanto peso sobre los hombros.

El trabajo con el niño interior le permite perdonar y seguir adelante. Aprenderá a reconocer cómo sus padres lo influyeron sin culparlos por la persona en la que se convirtió. Sanar a su niño interior conlleva un nivel de madurez diferente en el que no debe negar el impacto de su educación, pero comprende que es lo mejor que sus padres pudieron haber hecho. El proceso de sanación le ayudará a aceptar que no podía haber hecho nada para evitarlo. Cuando todo el trabajo esté hecho, verá que es responsable de tomar la iniciativa y cambiar ciertos aspectos de su vida. No tiene por qué conformarse con las cosas como están. Ya no será víctima de su propia tristeza o de sus experiencias ni se dejará invadir por el resentimiento, lo que lo llevará al siguiente nivel.

El trabajo con el niño interior es fortalecedor. Le ayudará a no permitir que la duda y el miedo le guíen. En su lugar, aprenderá a tomar las riendas de sus emociones y reacciones. Una gran parte de la sanación de su niño interior depende de cómo defienda a su yo actual y a su yo más joven siempre que sea necesario. Ya no utilizará sus traumas del pasado como excusa para caer en comportamientos destructivos. Este tipo de sanación le ayudará a desprenderse de sus hábitos no deseados. Cuando esté empoderado, no querrá vivir como una víctima que culpa a sus traumas del pasado de sus mecanismos destructivos para enfrentar la vida.

El proceso de sanación conlleva una buena dosis de dolor y malestar. Sin embargo, si hay algo que aprenderá es que la mayor sanación se produce cuando sale de su zona de comodidad. En este capítulo, aprenderá los beneficios de sanar a su niño interior y cómo conseguirlo. También encontrará un cuestionario para precisar qué beneficios ha experimentado al practicar la sanación de su alma herida.

Beneficios de trabajar con el niño interior

No importa lo que haga, nada evitará que actúe como un niño a menos que realice un trabajo serio con su niño interior. Ninguna técnica de gestión de la ira o del tiempo, de respiración o de meditación le ayudará a mejorar su atención, a reconocer y controlar sus emociones y a responsabilizarse en lugar de culpar y acusar a los demás, a comunicarse eficazmente y a no sacar conclusiones precipitadas. Aunque estas técnicas pueden servir como apoyo complementario, primero debe abordar su problema principal: sanar a su niño interior herido. Cuando empiece a sanar a su niño interior, verá cómo su vida cambia ante sus propios ojos. Puede que se sienta presionado a hacerlo todo según las normas. Sin embargo, en este viaje nadie es perfecto. En primer lugar, no existe una práctica de sanación estándar que le diga cuánto debe esforzarse. Mientras conecte con su niño interior, valide sus emociones y sea el padre que él se merece y que anhela, podrá cosechar los beneficios del amor propio, la compasión, la autoconciencia y el control emocional. Los siguientes son algunos de los beneficios de trabajar con el niño interior:

1. Reconocer el dolor

Nunca comprenderá realmente el dolor y su impacto a menos que escuche al herido. Debe crear un espacio seguro para que hable de cómo se siente mientras reflexiona sobre sus emociones. Puede hacerlo dando prioridad a la seguridad en la relación que construye con su niño interior. Haga que se sienta seguro, querido e importante. Acérquese a él con respeto y validación para que pueda entrar en contacto con usted. Solo entonces podrá penetrar en las heridas acumuladas, reflexionando sobre cada revelación que tenga. Tómeselo con calma y trabaje al ritmo de su niño interior. Nunca exceda los límites ni vaya más allá de sus umbrales de dolor y los de su niño interior. De lo contrario, comprometerá esa confianza.

2. Explorar sus límites

La sanación del niño interior tiene muchos aspectos. Es un viaje muy dinámico. Sus sentimientos, necesidades y deseos pueden cambiar varias veces a lo largo del proceso, dependiendo de los traumas, recuerdos y experiencias que encuentre. Debe recordar que está trabajando con su niño interior en sus diversas etapas. Por ejemplo, sus necesidades emocionales y de desarrollo a los seis años son muy diferentes de las de los catorce años. Siempre que trabaje con su niño interior, asegúrese de tomar nota de su edad emocional. Después, establezca sus límites, adaptándolos a cada versión de usted mismo. Independientemente de cuáles sean sus necesidades, acérquese a ellas sin juzgarlas.

Explorar sus límites continuamente le aporta mucha información sobre la persona que es hoy. Le ayuda a comprender mejor sus necesidades, preferencias y aversiones. También le ayudará a determinar cuáles son sus límites actuales en la vida.

3. Trabajar por la plenitud

Si está luchando con un niño interior herido, aún no ha experimentado la plenitud. Los dolores y traumas no resueltos le impiden encontrar y abrazar todas las partes de usted mismo. Lleva su vida en fragmentos de su ser. ¿Se ha dado cuenta de lo fácil que le resulta dejar de lado una parte de usted mismo cada vez que tiene que hacerlo? Sanar a su niño interior es muy parecido a buscar a un niño perdido. Busca por todas partes, intenta remontar los pasos y juntar pistas hasta que por fin lo encuentra. Alcanza la plenitud cuando consigue traer de vuelta al niño y descubre que coexiste armoniosamente con su yo adulto. Aunque es más fácil decirlo que hacerlo, el único consejo es que no se desanime. La paciencia es una virtud. Se embarcó en este viaje sabiendo que no sería fácil. Cuando sienta que quiere rendirse, recuerde por qué empezó. Piense en el niño que merecía algo mejor al crecer. Acuérdese de que no puede volver a defraudarle.

4. Identificar el narcisismo

Muchas de las personas que sufren traumas infantiles son víctimas de abusos narcisistas y relaciones tóxicas. A menudo se trata de un método de supervivencia o una respuesta al trauma. Este es especialmente el caso de quienes crecieron con cuidadores narcisistas que eran insensibles a este tipo de comportamiento inaceptable. Estar constantemente expuestos a ello de niños probablemente les hizo creer que era normal. Un aspecto importante del trabajo con el niño interior es comprender sus patrones de respuesta al trauma. Aprenderá mucho sobre las relaciones seguras y tóxicas cuando descubra cómo se originaron y cómo le ayudaron en la vida. Esto le facilitará detectar a los narcisistas y evitar caer en las mismas trampas.

5. Evitar las rabietas

Si aún no ha sanado a su niño interior, es probable que las rabietas emocionales de vez en cuando no le resulten extrañas. Llevar un registro de sus desencadenantes y relacionarlos con ciertos recuerdos, historias o acontecimientos puede ayudarle a romper el ciclo del estallido emocional antes de que ocurra. Suponga, por ejemplo, que alguien dice algo que usted identifica como un posible desencadenante de una reacción indeseable. En ese caso, debe estar preparado para distraer a su niño interior o manejar su reacción. Dar un largo paseo, retirarse a un espacio seguro, meditar o hacer ejercicios de respiración son medidas preventivas eficaces. Debe experimentar hasta encontrar algo que funcione para su niño interior.

La «ira paradójica» es otro tipo de ira. Cada vez que se enfadó con sus padres, probablemente reprimió sus emociones. No podía expresar fácilmente sus sentimientos porque si hubiera arremetido contra ellos habría sufrido las consecuencias. Por desgracia, las mismas personas que pusieron en peligro sus límites, su sensación de seguridad y su confianza son aquellas de las que dependía su yo más joven. A medida que trabaja con su niño interior, debe encontrar formas positivas de liberar la ira reprimida y, al mismo tiempo, evitar los estallidos emocionales.

Como recordará del capítulo anterior, debe dedicar tiempo a explorar los deseos de su niño interior. Averigüe qué le hace sentir feliz, tranquilo y relajado. Esto le dará una idea de lo que necesita para prevenir los estallidos.

6. Liberarse de la vergüenza tóxica

Piense en su vida actual y reflexione sobre su vida adolescente. ¿Qué pensamientos le preocupan? Cuando piensa en usted de niño, ¿qué se viene a la mente? ¿Vergüenza? ¿Sentimientos de inadecuación?

¿Con qué frecuencia se sorprende a usted mismo avergonzando a su yo más joven? Quizá reflexione sobre lo imperfecto que era y cómo podría haberlo hecho mejor para que sus padres se sintieran orgullosos. Tal vez piense en todas las decisiones precipitadas que tomó cuando tenía dieciséis años y en todas las cosas que hizo que no encajaban con sus valores. La única forma de liberarse de la vergüenza tóxica es exteriorizar estas emociones. Hablar de su pasado le ayudará a deshacerse de la vergüenza y sustituirla por compasión.

7. Ser su propio padre

Cuando trabaja con su niño interior, debe tratarlo como si fuera su propio hijo. Debe nutrirlo y cuidarlo. Esto significa que puede ser el padre que le faltó de niño. Esta vez tiene que hacer las cosas bien, asegurándose de satisfacer las necesidades de desarrollo de su yo más joven. Sea la persona de la que su niño interior puede depender, con la que puede conectar y en la que puede confiar. Es su única oportunidad de ser escuchado, encontrar seguridad y sentirse amado incondicionalmente.

8. Romper ciclos insanos

¿Se ha preguntado alguna vez por qué suelen ser las personas con una infancia inestable las que terminan en relaciones codependientes y poco saludables? Pues bien, se debe a que las personas con luchas similares se atraen inconscientemente. Se sienten atraídas por lo que les es familiar y, juntas, reviven momentos de su infancia.

Cuando éramos niños, estábamos indefensos y dependíamos totalmente de nuestros padres. Los admirábamos y creíamos que siempre tenían razón. Por eso pensábamos que los problemas eran culpa nuestra. Creamos creencias y suposiciones sobre nosotros mismos que se trasladan a la edad adulta. También creamos estrategias para conseguir lo que necesitáramos de nuestros padres. Todavía recurrimos a estas estrategias en todas nuestras relaciones. Sin darnos cuenta, recreamos el caos con el que crecimos para asegurarnos de que nuestros comportamientos, pensamientos y acciones siguen siendo relevantes. Saber qué esperar y mantener una sensación de familiaridad nos proporciona una falsa sensación de seguridad.

Debe descubrir cuáles son sus patrones y hacer una elección consciente. Aunque al principio será extremadamente incómodo, debe salir de su zona de confort para mostrar a su niño interior que no va a recrear el mismo entorno en el que le criaron ni recurrir a las mismas estrategias para sentirse seguro.

9. Determinar su autoestima

Por desgracia, vivimos en un mundo en el que nuestro valor se determina por lo que hacemos y no por lo que somos. El mundo está totalmente basado en roles. Es triste ver que las familias, donde se supone que los integrantes deben tener amor y respeto incondicional entre sí, siguen la misma regla. Desde pequeños nos enseñan a renunciar a la individualidad y a dejar de lado nuestras aficiones, talentos e identidades completas para adoptar rasgos que enorgullecen a nuestros padres. Se nos anima a complacer al mundo en lugar de ser nosotros mismos.

Los padres nos enseñan que las cosas que nos gustan y amamos (las cosas que esencialmente nos hacen ser quienes somos) son secundarias en relación con nuestro «rol». Probablemente pasó toda su infancia intentando cumplir el papel que le habían asignado. Hizo todo lo posible por superarse, ya fuera en los estudios, en el deporte o en las tareas domésticas, pensando que eso era lo que quería. Desgraciadamente, ser un superdotado rara vez es una elección personal. Más bien surge de la necesidad de complacer a los padres. Si tiene un hermano mayor, probablemente sea él quien se subió al tren de los superdotados. Aunque probablemente esto no le salvó de un daño emocional innecesario. En lugar de sentirse presionado por sobresalir en todos los aspectos de la vida, tuvo que oír hablar de lo «genial» que es su hermano, lo que probablemente le hizo sentir inferior o inútil.

El trabajo con el niño interior es su oportunidad de hacer que su niño interior se sienta digno y valorado. Tiene que dirigirse a su niño interior utilizando afirmaciones positivas, destacando lo valioso que es su auténtico yo. Explore los sueños y aspiraciones de su niño interior, comparándolos con los estándares de sus padres. ¿Realmente quiere ser la persona que se esforzó por ser? Tranquilice a su niño interior diciéndole que nació con un propósito mucho mayor que solo sus dones únicos y especiales pueden ayudarle a cumplir.

10. Descubrir quién es realmente

Como se acaba de explicar, asumir el rol designado corta su conexión con la persona que realmente es. En el momento en que se propuso hacer todo para complacer a sus padres, eliminó fragmentos de su ser. Las partes juguetonas, curiosas, creativas, imaginativas y espontáneas de usted mismo quedaron mermadas. Dejó de tener el sano sentido de la desvergüenza, la inocencia y la objetividad que todo niño debería tener.

A una edad muy temprana, le introdujeron los sentimientos de autocrítica, culpa y vergüenza.

Debe tomarse su tiempo para reconectar con la versión más joven de usted mismo. Tómese el tiempo que haga falta para recordar quién fue alguna vez. Recuerde al niño que no tenía miedo de expresarse, de vivir aventuras, de asumir riesgos y, lo que es más importante, de jugar todo el tiempo. Busque la parte de usted que disfruta de la vida tal y como viene, con todos sus altibajos. Enseñe a su niño interior que los obstáculos o tropiezos no comprometen su seguridad, sino que le enseñan a levantarse.

11. Deshacerse de la culpa y la vergüenza sexual

En la mayoría de los casos, el niño interior padece culpa y vergüenza sexual graves. Estas emociones negativas suelen ser producto de la represión familiar, el acoso o el ridículo, el abuso, el incesto y otros traumas. Pocas personas se dan cuenta de que la educación influye enormemente en la sexualidad de la edad adulta. Estas heridas pueden manifestarse como anorexia sexual o rechazo de todo tipo de relaciones íntimas, adicciones sexuales, adicción a la pornografía, etc.

Cuando un niño ha sido objeto de incesto o abuso, puede reprimir su sexualidad con la esperanza de alejar al progenitor que le hirió. No solo eso, sino que más adelante, en la edad adulta, el individuo lucha con sentimientos de culpa cuando se enfrenta a relaciones sexuales. Esto obstaculiza la construcción de relaciones románticas sanas. Para ayudar a su niño interior a superar esta vergüenza, debe asegurarle que no está mal sentir curiosidad por el sexo. Debe explicarle que los impulsos sexuales son normales y que no hay nada de qué avergonzarse. Ahora está a salvo, lo que significa que ya no necesita ocultar su sexualidad al cuidador que le ha maltratado.

Cuestionario: ¿Qué beneficios de la sanación del niño interior he experimentado?

Utilice este cuestionario como guía para medir su progreso en el viaje de sanación del niño interior.

- Mi calidad de vida en general ha mejorado.
- Ya no sufro de confusión mental.
- Mi ansiedad ya no es tan grave como antes.

- Experimento menos síntomas de depresión o son más leves.
- Mi vitalidad ha mejorado.
- Mi sentido de la curiosidad y el asombro ha revivido.
- Puedo defenderme mejor.
- Comprendo mejor mis límites y me aseguro de que nadie los traspase.
- Puedo decir «no» siempre que lo necesito.
- Cultivo mejores relaciones intrapersonales.
- Soy más maduro emocionalmente y controlo mejor mis sentimientos.
- Soy más «yo mismo» que antes.
- Ya no me avergüenzo de mis experiencias dolorosas del pasado.
- No me siento culpable por mis mecanismos poco saludables. Me doy cuenta de que, en un momento dado, era la única forma que tenía de sobrevivir.
- No me preocupa lo que la gente piense de mí. No permito que las opiniones de nadie dicten mi estado mental.
- No siento resentimiento hacia mi familia ni hacia las personas que me hicieron daño.
- No me avergüenzo de mi sexualidad.
- Puedo identificar comportamientos narcisistas y patrones malsanos.
- Digo lo que pienso y no reprimo mis pensamientos y sentimientos por miedo a herir a alguien.

Puede que no haya comprendido la importancia real de su niño interior hasta que ha decidido leer este libro. Nunca fue consciente del papel tan importante que desempeña su yo más joven en su forma de pensar, actuar, reaccionar y sentir del presente. Sin embargo, una vez que empiece el trabajo con el niño interior, sentirá que se ha abierto a un mundo nuevo. El trabajo con el niño interior consiste en darse cuenta de que muchas de las emociones que experimentamos como adultos, como el miedo y la inseguridad, provienen del niño interior. Hoy es adulto y diferente de cómo era antes. Como a su yo más joven nunca se le concedió el derecho de opinar, creció reprimiéndolas, negándose la posibilidad de acertar. Una vez que vea que ese miedo procede del niño que lleva dentro, podrá calmarlo y tranquilizarlo. Ser compasivo y comprensivo puede, con el tiempo, ayudarle a superar los miedos que le agobian. Ganará claridad y autoconciencia en su proceso de sanar a su niño interior.

Capítulo 10: Desafío para sanar a su niño interior

La felicidad y las emociones en general dependen en gran medida de las experiencias infantiles. Muchas personas no comprenden que tienen que tener en cuenta su infancia a la hora de planificar el futuro. Hay conexiones espirituales con varias versiones de sí mismo que se deben recordar a la hora de decidir qué camino tomar. Esto no significa quedarse anclado en el pasado o dejar que los acontecimientos negativos anteriores tomen el control. Lo que debe hacer es decidir la forma en la que su pasado influye sobre su vida actual. Detectar patrones inútiles, comportamientos problemáticos y mecanismos de defensa perjudiciales es la única forma de acercarse a llevar una vida más feliz. Debe explorar cómo le criaron, entender cómo toma sus decisiones y evaluar la calidad de sus conexiones durante la vida. Si no dedica tiempo a averiguar el estado de su salud mental, emocional, social y espiritual, nunca sabrá qué tiene que hacer para mejorar su vida y deshacerse de lo que le impide conseguir lo que se merece.

Su niño interior es una parte crítica de su mente: alegría, libertad, juego, amabilidad y compasión. Esta parte de usted mismo representa el aspecto que desea sentirse amado, seguro, cómodo y protegido. La razón por la que es tan relevante para su salud espiritual es que es una combinación de sus emociones fundamentales e innatas: imaginación, creatividad y vulnerabilidad, que reprimió a medida que crecía. El niño interior es el aspecto infantil de su ser. Es la parte de usted que reacciona impulsivamente cuando las cosas no salen como quiere. Es básicamente todo lo que aprendió y experimentó durante las etapas de desarrollo de su vida. El niño pequeño que lleva dentro es su esencia. Es la parte intrínsecamente inocente, juguetona y sin complicaciones de su conciencia.

Ahora que entiende que sanar al niño interior es un paso importante hacia el bienestar y el despertar espiritual, está preparado para seguir adelante con este proceso en forma de desafío. Este capítulo tiene una guía de treinta días para sanar a su niño interior y alcanzar finalmente el despertar espiritual.

Día 1: Identifique su arquetipo de niño interior

- Haga el cuestionario «¿Qué arquetipo de niño interior soy? Complete el cuestionario del capítulo 2 para determinar su arquetipo de niño interior.
- Despréndase. Al identificar su arquetipo de niño interior, debe ser muy consciente de lo que siente y piensa. Debe asegurarse de que está explorando las creencias y los valores que le pertenecen, no los que le impone su comunidad o la sociedad. Suelte el mundo que le rodea y mantenga una conversación profunda con su niño interior. Averigüe cómo se siente, en qué piensa, qué necesita, qué actividades le hacen feliz, etc.
- Practique la autocompasión. Muchas personas tienen una idea equivocada sobre la autocompasión. No consiste en animarse o decirse que no hay que sentirse mal. Al contrario, sentirse mal está bien, al igual que sentirse feliz. La autocompasión consiste en desarrollar la atención hacia las propias experiencias infantiles y reconocer al niño que lleva dentro. Esto significa que no debe restar importancia a sus inseguridades, tristezas o miedos. Asegúrese de estar presente y deje que su niño interior sepa que es querido, amado y validado.

Día 2: Practique la conciencia de su niño interior

- Dé un largo paseo por la naturaleza. Dar un largo paseo por la naturaleza lo hará sentirse enraizado y en sintonía con lo que le rodea. También puede darle claridad mental y ayudarle a reconocer sus pensamientos y emociones. Manténgase presente en el momento y active todos sus sentidos.

- Practique yoga. La Montaña es una postura de yoga muy fácil que cualquiera puede hacer. Si tiene más experiencia con el yoga, puede hacer cualquier otra postura que le guste siempre que le haga sentir cómodo y concentrado. La posición de la Montaña le ayudará con la postura, la conciencia corporal y la alineación.

- Apoye ambos pies en el suelo mientras se mantiene de pie. Los talones deben estar separados mientras los dedos gordos de los pies se tocan. Baje los omóplatos mientras levanta el pecho. Mueva la barbilla hacia dentro mientras alarga la cabeza. Coloque los brazos a los lados con las palmas hacia delante. Contraiga la garganta mientras respira por la nariz. Mantenga la postura entre cinco y diez respiraciones.

- Medite. Medite durante cinco minutos antes de acostarse.

Día 3: Diario sobre su niño interior

- Escriba una carta a su niño interior. Escriba una carta a su yo más joven desde el punto de vista de un padre cariñoso y comprensivo. Explíquele cómo le protegerá y exprese lo orgulloso que está de él. Dígale que le quiere y que está trabajando para darle la vida y la felicidad que se merece. También puede disculparse si quiere. Escriba desde el corazón.

- Escriba sobre sus necesidades. Explore la identidad de su yo más joven. Explore sus necesidades más básicas. ¿Qué anhela su niño interior? ¿Es amor? ¿Está seguro? Escriba lo que su niño interior necesita para sentirse él mismo.

- Piense en afirmaciones. Escriba afirmaciones que expresen su valor, sus rasgos únicos, lo que aporta, cómo influye en la vida de los demás, etc.

Día 4: Acepte el dolor

- Medite. Medite durante cinco minutos por la mañana.
- Reflexione. Retírese a un espacio tranquilo y seguro. Desconéctese de su entorno y centre toda su atención en sus

emociones. ¿Cómo se siente? Piense en su infancia y en cómo se siente cuando se enfrenta a sus recuerdos. ¿Ha cambiado algo desde que decidió embarcarse en el viaje de sanación de su niño interior? ¿Se siente mejor o peor? No deje de lado sus emociones, por dolorosas que sean. Reconózcalas y experiméntelas plenamente.

Día 5: Involucre a su niño interior

- Pase tiempo con niños. Pase tiempo con niños y participe en actividades que les gusten. Si tiene hijos, dedíqueles una parte de su día. Si no los tiene, puede ofrecerse a cuidar a su sobrina o al hijo de un amigo durante este día. No tenga miedo de dejar salir al niño que lleva dentro.
- Libérese. Permítase soltarse. Si suele ser serio en el trabajo, no le vendrá mal hacer una broma o tomarse las cosas con calma. Sea juguetón y diviértase.
- Visualice. Visualice el futuro que quiere antes de acostarse. Piense en su futura casa, auto y trabajo. ¿Qué aspecto tienen? ¿Cómo es su estilo? Deje volar su imaginación.

Día 6: Cuide a su niño interior

- Tenga una conversación con su niño interior. Reconozca la presencia de su niño interior y hágale saber que desea conectar con él en un nivel más profundo. Explíquele que su seguridad y comodidad son su máxima prioridad.
- Mire fotos antiguas. Mire fotos antiguas suyas y diga afirmaciones de protección, compasión y amor.
- Escriba sobre su decisión de dejar atrás viejos ciclos. Escriba una carta a su niño interior que incluya todo lo que él necesita oír. Puede ser una carta de disculpa por haber crecido tan deprisa o por no haberle proporcionado los cuidados que debería.
- Dele un espacio seguro para jugar. Piense en el tipo de juegos a los que siempre quiso jugar de niño y asegúrese de hacerlo.

Día 7: Valide sus emociones

- Libere sus emociones. Escriba en su diario todos sus sentimientos y emociones. Sea lo más expresivo y detallado posible, sin dejar que nada quede sin reconocer.
- Medite durante 5 minutos.
- Tómese un descanso. Tómese el día libre de trabajo y responsabilidades. Tómeselo con calma y déjese llevar.
- Queme incienso. Quemar incienso levanta el ánimo. También alivia el estrés y la ansiedad.
- Haga algo divertido. Haga cualquier cosa que le guste hacer, ya sea practicar un pasatiempo, salir con amigos o ver una película.

Día 8: Examine sus límites

- Diga no. Piense antes de hacer favores o seguir a otros. Piense si es algo que realmente quiere hacer. No tenga miedo de rechazar peticiones o invitaciones que no le apetecen.
- Reflexione sobre sus relaciones. Piense en todas las relaciones de su vida. ¿Cómo son sus relaciones familiares, sociales, profesionales y románticas? ¿Cuál es su definición de una relación sana? ¿Alguna de sus relaciones en la vida se ajusta a esa descripción? ¿Se siente incómodo con algunas personas? ¿A qué se debe? ¿Describiría alguna de sus relaciones como malsana? ¿Por qué? ¿Qué piensa hacer al respecto?
- ¿Cuáles son sus límites a la hora de relacionarse con los demás? ¿Son diferentes de los de antes? ¿Permite que sobrepasen sus límites? Si es así, ¿por qué lo hace y cómo le hace sentir?

Día 9: Conéctese a tierra

- Dé un largo paseo por la naturaleza y asegúrese de estar presente y conectado con su entorno.
- Practique yoga. Puede hacer posturas suaves como la de la montaña o el Guerrero I. Si le apetece un reto, mire un vídeo de yoga para principiantes en YouTube y sígalo.

- Queme salvia.
- Practique la respiración profunda. Respire profundamente durante dos o tres minutos.

Día 10: Muévase

- Estire. Realice estiramientos suaves entre cinco y diez minutos.
- Haga ejercicio. Haga su forma favorita de ejercicio durante treinta minutos.
- Suba las escaleras. Tome las escaleras en lugar del ascensor. Si tiene que hacer un mandado rápido, camine o vaya en bicicleta esas pocas cuadras en lugar de conducir o coger un taxi. Libere su energía.

Día 11: Sánese ayudando a los demás.

Dele una mano a alguien. ¿Le parece que un amigo ha tenido problemas últimamente? Pregúntele qué puede hacer por él e intente ayudarle. Trabajar cualidades como la bondad y la compasión es crucial cuando se trabaja con el niño interior.

- Acaricie a un animal o juegue con un bebé.
- Sonría a los desconocidos.
- Realice un acto de bondad al azar.

Día 12: Tome el control

- Elabore una lista de tareas pendientes. Escriba una lista de tareas con todo lo que debe hacer a lo largo del día. Priorice las tareas de mayor a menor importancia. Si no tiene nada que hacer, es el momento de trabajar en las tareas que ha estado posponiendo.
- Ordene su casa. Piense en una forma divertida de ordenar su casa. No solo se generará una sensación de logro, sino que recordará a su niño interior que las responsabilidades no tienen por qué ser una carga.
- Suelte. Deje ir los pensamientos y emociones que no le ayudan.

Día 13: Gestione sus emociones

- Observe sus sentimientos. Compruebe sus emociones varias veces a lo largo del día. Lleve un diario de su estado de ánimo en el que escriba todo sobre sus emociones y las reacciones que desencadenan.
- Medite. Retírese a un espacio seguro y medite entre tres y cinco minutos siempre que lo necesite.
- Practique la respiración profunda. Respire profundamente durante tres minutos varias veces al día.
- Piense antes de reaccionar. Tómese un momento para pensar si está en el momento y el lugar adecuados para expresar sus emociones.

Día 14: Practique la atención plena

- Sintonice con sus sentidos. Deténgase de vez en cuando para involucrar todos sus sentidos en su experiencia. Por ejemplo, cuando esté comiendo, sienta la textura de la comida o el contacto de la cuchara con las yemas de los dedos, saboree la comida con los ojos, disfrute de su sabor, perciba su olor y escuche el ambiente que le rodea.
- Practique la autocompasión. Trátese como trataría a un amigo.
- Desplace su atención. Siéntese un minuto cada vez que tenga pensamientos negativos y desplace su atención hacia su respiración.

Día 15: Aumente su autoconciencia

- Sea objetivo. Piense en sí mismo de forma objetiva. ¿Cuáles son sus logros? ¿Las cosas que le hacían feliz de niño le siguen haciendo feliz ahora?
- Piense en sus objetivos. ¿Cuáles son sus objetivos y planes para el futuro?
- Medite. Medite durante diez minutos antes de acostarse.

Día 16: Reconozca sus progresos

- Practique la respiración profunda. Respire profundamente entre dos y tres minutos.
- Estire. Haga estiramientos suaves durante cinco minutos.
- Diario. Escriba sus progresos y lo que ha conseguido hasta ahora en este viaje. ¿Cómo ha cambiado en los últimos quince días? ¿Qué espera conseguir al final del reto?
- Haga ejercicio. Haga su ejercicio favorito durante quince minutos.
- Prémiese. Recompense a su niño interior por haber llegado hasta aquí y haga algo que le haga feliz.

Día 17: Libere el pasado

- Haga una liberación emocional. Escriba todo lo que siente y piensa.
- Identifique su bucle emocional. ¿Hay ciertas emociones que experimente todos los días? ¿Qué las desencadena? ¿Qué puede hacer para contrarrestarlas?
- Sustituya las emociones negativas por otras positivas. ¿Sabía que puede entrenarse para sentir emociones positivas en situaciones que normalmente le hacen sentir resentido o triste? Si algo no sale como esperaba, sin duda se sentirá mal. Sin embargo, puede aliviar esas emociones negativas e incluso convertirlas en positivas si modifica su proceso de pensamiento. En lugar de verlo como un fracaso, puede considerarlo una experiencia de aprendizaje.

Día 18: Aumente su confianza

- No se compare. Deje de compararse con los demás.
- No se preocupe por las opiniones de los demás.
- Reestructure sus «Y si...». Convierta los «Y si...» negativos como «¿Y si fracaso?» en positivos como «¿Y si todo sale bien?».

Día 19: Conecte con su niño interior

Dedique este día a conectar con su niño interior. Escuche todo lo que tiene que decir y sentir. Tómese el día libre en el trabajo si lo necesita. Realice las actividades que le hicieron más feliz en su infancia. Explore las heridas de su infancia, de dónde vienen, a qué sentimientos están asociadas y qué acontecimientos las desencadenan. Tranquilice a su niño interior diciéndole que ahora está seguro y protegido.

Día 20: Desconéctese

- Ejercicio. Practique su forma favorita de ejercicio durante quince minutos.
- Desconéctese. Descanse de los aparatos electrónicos por un día.
- Vaya a tomar un helado o pase por el autoservicio favorito de su infancia de camino a casa.
- Sea creativo. Dibuje, pinte, baile o practique cualquier otra actividad creativa de su elección.
- Practique una de sus aficiones.

Día 21: Perdonar

El día 20 trata sobre el perdón. Perdone a alguien que le haya hecho daño en su infancia. Piense en lo que le hizo y en cómo le hizo sentir. Imagine que esos pensamientos y emociones desaparecen de su mente. Perdone para su tranquilidad. Si no se habla con esa persona, no hace falta que se acerque a ella si no quiere. Recuerde que le perdona por su propio bien.

Día 22: Póngase a sí mismo en primer lugar

- Medite. Medite durante cinco minutos.
- Haga algo que le dé felicidad a su niño interior.
- Diga no. Diga no a lo que no quiere hacer.
- Practique el autocuidado. Dese un baño largo, haga una siesta, vaya a un spa o practique cualquier otra forma de autocuidado.

Día 23: Llene los vacíos

¿Cuáles son algunas de las cosas de las que fue víctima en su infancia? Dese cuenta de que son cosas contra las que puede luchar ahora que es adulto. Por ejemplo, si no recibió los cuidados adecuados de niño, puede tomar medidas para asegurarse de que siempre se da prioridad y se cuida. Si creció en la pobreza, puede elaborar un plan financiero, aprender a presupuestar y ahorrar y tomar medidas para aumentar sus ingresos.

Día 24: Salga de aventura

Tanto si decide ir a la feria como hacer las maletas y dejar la ciudad por un día, debería hacer algo espontáneo. Abrace su deseo innato de aventura y deje que florezca el niño que lleva dentro. Puntos extra si puede hacer algo que siempre quiso hacer de niño.

Día 25: Defiéndase

- Practique el amor propio. Piense en cuatro cualidades que le gusten de su yo actual y pasado.
- Manténgase firme. No tenga miedo de expresar sus opiniones, aunque los demás no estén de acuerdo con ellas.
- Defiéndase. Defiéndase siempre que alguien le falte al respeto o le menosprecie. No permita que nadie le insulte.

Día 26: Escriba una carta

Escriba una carta a las personas que más le han marcado a lo largo de su vida. Céntrese sobre todo en su infancia. Escriba cómo le hicieron sentir y cómo le cambiaron, para bien o para mal. ¿Hay acontecimientos que asocie con esas personas? ¿Qué recuerdos y emociones le traen? ¿Qué les diría a esas personas si pudiera hablar tranquilamente? Cuando haya terminado, léalo en voz alta e imagine que está hablando con esas personas. Cuando esté preparado para dejarlo ir, queme la carta.

Día 27: Controle su ira

- Haga ejercicio. Practique su forma favorita de ejercicio durante quince minutos.

- Practique yoga. Puede hacer algunas posturas ligeras como la postura de la Montaña y el Guerrero I.
- Practique la respiración profunda. Respire profundamente durante dos o tres minutos.
- Tómese un descanso. Cuando sienta que la ira se acumula en su interior, practique la atención plena.

Día 28: Supere su tristeza

- Practique la transformación de sus pensamientos en ideas positivas.
  - Acérquese a sus seres queridos. Es posible que esté luchando contra sentimientos de soledad y una inclinación a aislarse. Acérquese a personas que puedan ayudarle a superar este momento difícil.
- Cuide de su niño interior. No olvide atender las necesidades de su niño interior.

Día 29: Luche contra el remordimiento

- Explore el origen de la culpa.
- Entienda que no hay nada que pudiera haber hecho de otra manera.
- Trabaje para sustituir sus hábitos inútiles por otros positivos.
- Considere la posibilidad de ir a terapia.

Día 30: Afronte sus miedos

- Medite. Medite durante diez minutos.
- Sea optimista. Espere que ocurran grandes cosas a lo largo del día.
- Supere un miedo. Tome medidas para superar un miedo.
- Salga de su zona de confort. Haga algo que siempre haya querido hacer, pero no ha podido porque dudaba de sus capacidades.
- Arriésguese.

Último día: Acepte la sanación

Reflexione sobre el viaje de sanación de su niño interior. ¿Cómo se ha sentido en los últimos treinta días? ¿Siente que ha cambiado en algo? ¿Qué actividades de las mencionadas en el reto está dispuesto a incorporar a su estilo de vida? ¿Cuáles piensa dejar atrás? ¿Qué pasos dará para mantener su progreso?

Conclusión

Como ha aprendido en este libro, su niño interior representa la acumulación de las emociones negativas ocultas en las profundidades de su alma. Al hacer más feliz al niño que lleva dentro, está transformando su alma. Que esta transformación signifique sanar un alma herida de traumas pasados, despertar espiritualmente o elevarse a un estado superior de conciencia espiritual, depende exclusivamente de usted. Sin embargo, antes de empezar a conectar con su niño interior, debe comprender cómo está formado y cómo influye en su vida de adulto. También tendrá que explorar el arquetipo de su niño interior, ya que esto puede determinar su enfoque para mejorar su bienestar espiritual. Cada tipo tiene puntos fuertes y débiles diferentes, por lo que averiguar cuál vive dentro de usted le evitará errores cuando intente establecer una conexión.

Una vez que conozca el arquetipo de su niño interior, puede aprender más sobre la relación del niño con su alma herida. Comprender su alma herida es solo uno de los numerosos beneficios de descubrir a su niño interior, pero también conlleva muchos retos. Más allá de descubrir, explorar su alma herida también implica aceptar a su niño interior con todos sus aspectos positivos y negativos. Porque, aunque el niño interior tiene una disposición inherentemente alegre, las experiencias traumáticas pueden convertirla en algo más bien sombrío.

Aceptar a su niño interior significa abrirse a comunicarse con él y estar preparado para descubrir todas las formas de ponerse en contacto con su alma. Una de las técnicas más recomendadas es la meditación.

Las técnicas de meditación consciente basadas en el amor son especialmente conocidas por promover un mayor nivel de conciencia espiritual al calmar el cuerpo y la mente y sustituir los procesos de pensamiento negativos por otros amorosos. Escribir un diario es otra práctica que tiene un impacto positivo en la sanación de las almas heridas. Registrar sus pensamientos y emociones puede revelar patrones que indican un desequilibrio espiritual.

Por supuesto, hay muchas otras formas de elevar la conciencia de su niño interior y muchas de ellas apuntan hacia los mejores caminos de sanación para su alma herida. La mayoría de estas técnicas se basan en el mismo principio de atención plena que los ejercicios de meditación. Simplemente desviando la atención de su cuerpo y su mente, pueden hacerle más consciente de las necesidades de su alma. Dicho esto, si no es experto en espiritualidad, aprender la mayoría de estas técnicas supondrá sin duda un reto. Afortunadamente, este libro le prepara para todos los obstáculos a los que pueda enfrentarse durante este proceso, aconsejándole sobre cómo superarlos y aprender de ellos cuando se esfuerce por crecer espiritualmente. Al superar estos retos, se hará mucho más fuerte. Aprenderá a cosechar los beneficios de la sanación de su alma herida y a multiplicar sus dones espirituales.

Por último, pero no menos importante, le puede suceder que vea la sanación de su niño interior como un desafío. La sanación del niño interior no solo es un paso crucial para garantizar el bienestar espiritual, sino que, al convertirse en un reto, le anima a dar lo mejor de usted mismo. Puede utilizar cualquiera de las técnicas mencionadas en este libro o cualquier otro ejercicio de atención plena que se adapte a sus necesidades.

Vea más libros escritos por Mari Silva

Su regalo gratuito

¡Gracias por descargar este libro! Si desea aprender más acerca de varios temas de espiritualidad, entonces únase a la comunidad de Mari Silva y obtenga el MP3 de meditación guiada para despertar su tercer ojo. Este MP3 de meditación guiada está diseñado para abrir y fortalecer el tercer ojo para que pueda experimentar un estado superior de conciencia.

https://livetolearn.lpages.co/mari-silva-third-eye-meditation-mp3-spanish/

Referencias

¿Qué es el niño interior (y por qué es importante que lo conozca)? (2021, 26 de marzo). My Online Therapy. https://myonlinetherapy.com/what-is-your-inner-child-and-why-its-important-you-get-to-know-them/

Davis, S. (s.f.). El niño interior herido. Cptsdfoundation.Org. https://cptsdfoundation.org/2020/07/13/the-wounded-inner-child/

Goldstein, E. (2021, 6 de abril). ¿Qué es el niño interior? Integrative Psychotherapy & Trauma Treatment. https://integrativepsych.co/new-blog/what-is-an-inner-child

Cómo saber si tiene un niño interior herido (y cómo sanarse). (2021, 2 de marzo). The Mighty. https://themighty.com/2021/03/trauma-wounded-inner-child-how-to-know-heal/

Jacobson, S. (2017, 23 de marzo). ¿Qué es el «niño interior»? Blog Harley TherapyTM. https://www.harleytherapy.co.uk/counselling/what-is-the-inner-child.htm

Kahn, J. (2019, 15 de noviembre). Por qué es importante sanar a su niño interior. G&STC. https://www.gstherapycenter.com/blog/2019/11/15/why-healing-your-inner-child-is-important

Luna, A. (2019, 6 de abril). 25 señales de un niño interior herido (y cómo sanar). LonerWolf. https://lonerwolf.com/feeling-safe-inner-child/

¿Qué es el trabajo con el niño interior? Una guía para sanar a su niño interior. (2020, 31 de diciembre). Mindbodygreen. https://www.mindbodygreen.com/articles/inner-child-work/

Qué es su niño interior (y por qué es importante que lo conozca). (2021, 26 de marzo). my Online Therapy. https://myonlinetherapy.com/what-is-your-inner-child-and-why-its-important-you-get-to-know-them/

La importancia de abrazar a su niño interior. (s.f.). Beliefnet.Com. https://www.beliefnet.com/inspiration/articles/the-importance-of-embracing-your-inner-child.aspx

Acuario. (2019, 27 de enero). Inmersión profunda en el niño de la naturaleza, un arquetipo primigenio. ¡Ilumínese! Con el acuariano. http://www.aquarianonline.com/deep-dive-into-the-nature-child-a-primal-archetype/

Banday, N. (2020, 4 de mayo). ¿Qué es el arquetipo del niño? - Haga un viaje a la psique humana. Aprenda cómo funcionamos en un nivel básico. Navigation For Daily Living.

ChelseaC. (2018, 9 de noviembre). Descubra en cuál de los seis arquetipos de niño encaja y empiece a abrazarlo. The Odyssey Online. https://www.theodysseyonline.com/whats-my-child-archetype

Couch, S. (2015, 28 de agosto). Sanando el arquetipo del niño interior. Wild Gratitude. https://www.wildgratitude.com/healing-the-inner-child-archetype/

knowyourarchetypes. (2020a, 23 de junio). Arquetipo del niño. Know Your Archetypes. https://knowyourarchetypes.com/child-archetype/

Know Your Archetypes. (2020b, 19 de agosto). Arquetipo del niño divino. Know Your Archetypes. https://knowyourarchetypes.com/divine-child-archetype/

Know Your Archetypes. (2020c, 19 de agosto). Arquetipo del niño herido. Know Your Archetypes. https://knowyourarchetypes.com/wounded-child-archetype/

El arquetipo del niño. (2020, 4 de febrero). Make A Dent Leaderchip. https://www.makeadentleadership.com/the-child-archetype/

La función «niño eterno» de su tipo de personalidad - Análisis Místico. (2021, 3 de enero). Mystical Analytics -. https://mysticalanalytics.com/the-eternal-child-function-of-your-personality-type/

¿Qué arquetipo de niño interior es? (2017, 23 de mayo). Jennifer Soldner.

Davis, S. (s.f.). Descubrir a su niño interior. Cptsdfoundation.Org. https://cptsdfoundation.org/2020/07/06/discovering-your-inner-child/

Descubra a su niño interior. (2016, 20 de octubre). Exploring Your Mind. https://exploringyourmind.com/discover-inner-child/

Giovanis, N. (2021, 6 de enero). Descubrir a su niño interior. A Space Between. https://www.aspacebetween.com.sg/blog/discovering-your-inner-child

El niño interior: seis maneras de encontrar el suyo. (2020, 26 de junio). Healthline. https://www.healthline.com/health/inner-child

Perkal, Z. (2015, 2 de abril). Cómo encontrar a su niño interior de adulto. Wanderlust. https://wanderlust.com/journal/find-inner-child/

Roxanne. (2017, 26 de abril). Diez preguntas para descubrir a su niño interior. TextMyJournal. https://www.textmyjournal.com/10-questions-uncover-inner-child/

Equipo Zoella. (2022, 22 de febrero). Cómo conectar con su niño interior para sanar, evolucionar y florecer en la edad adulta. Zoella. https://zoella.co.uk/2022/02/22/how-to-connect-with-your-inner-child-to-heal-evolve-blossom-in-adulthood/

Neta, N. (2020, 21 de octubre). El viaje de sanación del niño interior. Newport Institute. https://www.newportinstitute.com/resources/mental-health/inner-child/

Ocho consejos para sanar a su niño interior. (2021, 9 de septiembre). Healthline. https://www.healthline.com/health/mental-health/inner-child-healing

Chen, L. (2015, 19 de octubre). Siete cosas que su niño interior necesita oírle decir. Tiny Buddha. https://tinybuddha.com/blog/7-things-your-inner-child-needs-to-hear-you-say/

Coleman, K. (2022, 23 de febrero). Por qué debería abrazar a su niño interior. Her Campus Media. https://www.hercampus.com/school/illinois-state/why-you-should-embrace-your-inner-child/

Abrace a su niño interior: cinco maneras de abrazar a su niño interior ¡hoy mismo! (2017, 8 de septiembre). Girlandtonic.Co.Uk; lauriemcallister. https://girlandtonic.co.uk/embrace-your-inner-child/

Abrace a su niño interior. (2017, 14 de septiembre). Nature Explore. https://natureexplore.org/embracing-your-inner-child-2/

Fuller, J. (2018, 30 de julio). Abrace a su niño interior -. Jane Fuller. https://www.janefuller.co.uk/blog/2018/7/30/embrace-your-inner-child

Meyerowitz, A. (2020, 20 de noviembre). Por qué debemos abrazar a nuestro niño interior y cinco maneras de hacerlo. Red Online. https://www.redonline.co.uk/health-self/self/a34725323/how-to-embrace-inner-child/

www.ingramcontent.com/pod-product-compliance
Lightning Source LLC
Chambersburg PA
CBHW070752220426
43209CB00084B/1168